AF532924

LEBE.JETZT HARDCOVER
BAND 504
1. AUFLAGE: MÄRZ 2018
2. AUFLAGE: NOVEMBER 2019
3. AUFLAGE: JULI 2020
4. AUFLAGE: MÄRZ 2021
5. AUFLAGE: FEBRUAR 2023
6. AUFLAGE: FEBRUAR 2025

VOLLSTÄNDIGE BUCHAUSGABE
ORIGINALAUSGABE

LEBE.JETZT IST EINE MARKE VON

LEKTORAT:
MARIE GERLICH

UMSCHLAGGESTALTUNG: WWW.HEUBACH-MEDIA.DE
GESETZT IN DER TRAJAN PRO,
ADOBE GARAMOND PRO & CORPORATE S

PRINTED IN GERMANY
ISBN 978-3-86277-705-1

WWW.BLUE-PANTHER-BOOKS.DE
HERSTELLER: BLUE PANTHER BOOKS OHG
OSTERFELDSTRASSE 12-14 | 22529 HAMBURG | DEUTSCHLAND
E-MAIL: INFO@BLUE-PANTHER-BOOKS.DE

Arne Hoffmann

Dominanz

Die Kunst der erotischen Herrschaft

Erotik-Ratgeber

Inhalt

Liebe Leserin, lieber Leser,

wie solltest du am besten vorgehen, wenn du deinen Partner zu deinem Sklaven machen möchtest? Welche Möglichkeiten stehen dir für Demütigungen und Strafen zur Verfügung? Wie wirst du dabei deiner Verantwortung gerecht? Und wie sorgst du dafür, dass das Ganze für euch beide ein aufregendes und befriedigendes Erlebnis wird? Diese Fragen beantwortet der vorliegende Ratgeber ebenso übersichtlich wie umfassend. Neben den verschiedensten Tipps für jeden, der erotische Herrschaft ausüben möchte, liefert er auch eine ganze Reihe von Ideen für fantasievolle Erniedrigungen. Gerade wenn du ein Anfänger in diesem Bereich bist, lernst du hier Schritt für Schritt, worauf es ankommt.

Zwei Aspekte habe ich in diesem Ratgeber ausgespart. Die absoluten Grundlagen für Unterwerfungsspiele behandle ich bereits in meinem Ratgeber »Die ersten Schritte SM«, der in derselben Buchreihe erschienen ist. Dort erfährst du Basiswissen, z. B. was ein »Safeword« ist und wie man es am besten in ein Spiel integriert. Solche Dinge sollte ein dominanter SM-Liebhaber natürlich auch wissen, aber ich wiederhole Inhalte, die in einem anderen Buch dieser

Reihe stehen, hier nur dann, wenn es unumgänglich ist. Und über die besonderen Feinheiten von Fesselspielen wirst du in diesem Buch auch nichts lernen. Dieses Thema erfordert meines Erachtens einen eigenen Ratgeber.

Ich wünsche dir viel Spaß beim Lesen, Entwickeln deiner fiesen erotischen Fantasien und schließlich bei ihrer Umsetzung. Auf dass deine Peitsche immer ihr Ziel treffen möge!

In diesem Sinne:
Viel Spaß beim Lesen,
viel Spaß beim Ausprobieren!

Worin liegt das Vergnügen, dominant zu sein?

Für manchen mag es auf der Hand liegen, weshalb bei SM-Spielen die dominante Rolle wesentlich reizvoller ist als die unterwürfige: Du kannst dich von deinem Partner nach Herzenslust verwöhnen lassen, wann immer du gerade Lust darauf hast, und ihm dabei auch die unterschiedlichsten lästigen Arbeitsaufgaben auftragen. Dabei kannst du ungestört Zicke oder Macho sein, ohne dass du dich zu rechtfertigen brauchst. Sobald dein Partner beginnt zu motzen oder ähnlich unerwünschte Bemerkungen zu machen, kannst du ihm schlicht den Mund verbieten. Und auch anderweitig hat die Schattenseite der Persönlichkeit, die jeder von uns hat, freie Fahrt: Beispielsweise kannst du deinem Sadismus freien Lauf lassen und dein Partner reagiert darauf nicht nur mit Dankbarkeit, sondern sogar mit sexueller Erregung. Es ist ja doch besser, den Griff der Peitsche in der Hand zu halten, als ihr anderes Ende spüren zu müssen.

Sicherlich ist an dem Bild, das ich in den letzten Sätzen gezeichnet habe, einiges dran. Zugleich ist es aber auch eine recht naive Sicht einer SM-Beziehung. Da die echte Sklaverei in unserer Gesellschaft glücklicherweise abgeschafft ist, kann sie hierzulande nur noch als gemeinsames Spiel existieren, für das sich zwei Partner zusammenfinden. Und auch der unterwürfige Partner hat eine ganze Reihe von Bedürfnissen und Ansprüchen, um sexuelle Befriedigung zu erlangen.

Anders als in so mancher geilen Fantasie bist du als der dominante Partner in Wahrheit ständig gefordert: Du musst dir immer wieder neue Szenarien einfallen lassen, die euch beide in erotische Hochstimmung bringen. Dann musst du die Planung dafür übernehmen, alles vorbereiten, deinen Partner psychologisch führen, ihn beschäftigen, bewerten und bestrafen, dich zugleich psychologisch in ihn einfühlen und seine Sicherheit im Auge behalten. Wenn er zu deiner Überraschung plötzlich überfordert reagiert und in eine kleine seelische Krise gerät (einem sogenannten »Absturz«), ist es deine Aufgabe, ihn psychisch aufzufangen. Und zwischen euren Spielen solltest du dich auch noch weiterbilden, was erotische Bestrafungen, Fesseltechniken und die nötigen Sicherheitshinweise angeht, damit du deinem Partner nicht unabsichtlich Schaden zufügst.

Das klingt jetzt viel weniger nach Sich-verwöhnen-lassen und mehr nach echtem Stress? Warum um alles in der Welt solltest du dir das antun? Sicher, SM-Szenen aus der dominanten Perspektive machen dich scharf, aber kann man diese sexuelle Erregung nicht auch in Form der unterschiedlichsten Pornos genießen?

Nun gibt es mit Sicherheit viele Menschen, die genau das tun: Es genügt ihnen vollauf, in entsprechenden Fantasien zu schwelgen, weil sie den Aufwand und die Verantwortung nicht auf sich nehmen möchten, ihren Partner im erotischen Rollenspiel zu versklaven. Für andere ist es gerade keine Belastung, sondern ausgesprochen reizvoll, all die geschilderten Dinge zu tun. Es macht ihnen Spaß, eine kleine erotische Welt zu erschaffen, die ihnen selbst ebenso wie ihrem Partner Erfüllung bringt. Sie fühlen sich sehr wohl mit der Herausforderung, Drehbuchautor, Regisseur und Schauspieler zugleich zu sein und dafür zu sorgen, dass alles reibungslos abläuft. Das verschafft ihnen ein Vergnügen, das sie anderswo nur selten finden.

Wenn du auch zu diesen Menschen gehörst oder dir zumindest vorstellen kannst, so jemand zu sein, dann ist dieser Ratgeber hier auch für dich geschrieben worden.

Wie kannst du einem Partner wehtun, den du liebst und respektierst?

Möglicherweise hast du dir den Ratgeber besorgt, weil du gemerkt hast, dass dich Fantasien erregen, in denen du andere Menschen erotisch quälst. Oder dein Partner hat dich dazu aufgefordert, so etwas einmal zu versuchen, und du bist grundsätzlich bereit dazu. Aber du fragst dich, wie du die emotionale Hürde überwinden kannst, jemanden zu beherrschen und zu schikanieren, den du sehr gern hast. Wenn du ein Mann bist, hast du vielleicht sogar schon Probleme damit, deine Partnerin als »dumme Schlampe« oder »notgeile Stute« zu bezeichnen, nachdem du dein ganzes Leben lang gelernt hast, dass man Frauen respektieren soll.

Das Erste, was du dir in dieser Situation klarmachen solltest, ist, dass es sich um ein Spiel handelt. Bezeichnungen wie »notgeile Stute«, die du im Alltag nie äußern würdest, tragen dazu bei, zu betonen, dass ihr euch momentan in einer erotischen Fantasiewelt befindet. Wesentlich ist, dass du solche Spiele nur mit jemandem spielst, der aus eigener Lust daran dazu einwilligt. Einvernehmlichkeit ist hier das A und O und deshalb solltest du und dein Partner gründlich miteinander besprechen, was genau euch beiden Spaß machen würde und was nicht. In diesen Gesprächen dürftest du schnell feststellen, dass sich dein Partner nicht für dein Vergnügen aufopfert, sondern durch solche Aktionen selbst sehr erregt wird. Sich jemand anderem zu unterwerfen oder sich hilflos in seinen Fesseln zu winden, kann mit Lustgefühlen verbunden sein, die sich sogar biologisch (in Form von Hormonschüben) nachweisen lassen. Und während Schmerzen an sich unangenehm sind, sorgen sie in bestimmten Situationen dafür, dass körpereigene Stoffe (Endorphine) ausgestoßen werden, die einen auf angenehme Weise berauschen. Insofern solltest du dir Schmerzen und Demütigungen eher vorstellen wie Wasabi, Meerrettich und andere Gewürze: Es macht sicher keinen Spaß, ein ganzes Glas davon zu verspeisen, aber in der richtigen Dosis machen sie das Essen deutlich pikanter und köstlicher.

Frag ruhig nach, was genau deinen Partner in Wallung bringt und warum er glaubt, dass das bei ihm so gut funktioniert. Je besser du das durchschaust, desto eher kannst du ihm genau das geben, was er braucht, damit seine Lustkurve steil ansteigt.

Außer durch Gespräche mit deinem Partner kannst du deine Hemmungen dadurch überwinden, dass du viel zu diesem Thema liest – vielleicht besonders Erfahrungsberichte von unterwürfigen und masochistischen Menschen – oder dich zum Beispiel im Internet mit Menschen unterhältst, die SM-Spiele praktizieren. Auf diese Weise erhältst du zum einen ein besseres Gespür für die Psychologie hinter solchen Aktionen und zum anderen lernst du, wie du dich am besten so verhältst, dass du deinen Partner nur auf »angenehme« Weise verletzt und nicht so, dass es ihn tatsächlich belastet. Du lernst dann, dass erotische Unterwerfung viel mit Verantwortung für den Partner und sein Wohlbefinden zu tun hat statt mit reiner Lust am Quälen.

Hier kann es helfen, wenn du für dein Verhalten klare und stabile moralische Kriterien entwickelst. Dazu gehört vor allem, dass du auf die Grenzen deines Partners achtest, die ihr vor eurem Spiel miteinander vereinbart habt. Tue also nichts mit ihm, was er nicht möchte, wenn du nicht riskieren willst, sein Vertrauen zu verlieren. Im schlimmsten Fall verliert dein Partner sogar generell Vertrauen in andere Menschen und entwickelt Probleme, mit seiner sadomasochistischen Neigung zurechtzukommen.

Zugegeben: Manche unterwürfige Menschen genießen es ganz besonders, wenn die zuvor von ihnen festgelegten Grenzen gerade einen Schritt weit überschritten werden. Sie fühlen sich dann besonders ausgeliefert, was ihre Lust in die Höhe schießen lässt. Für manche dient es auch der Weiterentwicklung ihrer Persönlichkeit, wenn sie auf irrationalen Ängsten beruhende Grenzen verschieben können.

Vor allem aber, wenn du Anfänger im Bereich der Dominanz bist, solltest du es nicht als deine Aufgabe betrachten, die Grenzen deines Partners zu übergehen, um seine Persönlichkeit zu verändern. Die Gefahr, dabei Schlimmes anzurichten, was du nicht leicht wiedergutmachen kannst, ist einfach zu groß. So etwas solltest du nur wagen, wenn du deinen Partner und was solche Spiele bei ihm auslösen, außerordentlich gut kennst und die Kommunikation zwischen euch beiden störungsfrei funktioniert. Während du deinen Partner erotischen Qualen aussetzt, gehört es zu deiner Verantwortung, immer wieder zu überprüfen, ob es ihm noch gut geht. Je mehr Erfahrung du dabei sammelst, desto eher kannst du auch leise Signale in seinen Gesichtszügen, seinem Tonfall und seiner Körpersprache erkennen, die zeigen, dass es ihm schlechter geht, als er eigentlich möchte. Dann hast du die Möglichkeit, Druck wegzunehmen, das Spiel umzulenken, es sanft ausklingen lassen – oder auch einfach mal nachzufragen, wie es deinem Partner gerade geht.

Nicht zuletzt dürfte es dir (und deinem Partner) helfen, wenn ihr euch nicht kopfüber in die extremsten Spiele hineinstürzt, sondern mit kleinen Schritten beginnt, zuerst noch sehr sanft und nicht weit von eurem gewohnten Sex entfernt. Einige Beispiele sind in meinem Ratgeber »Die ersten Schritte SM« aufgeführt. Spürt nach jeder dieser Aktionen nach, wie es euch damit geht und unterhaltet euch darüber. Auf diese Weise bekommt ihr ein immer besseres Gespür für solche Spiele, die dir jetzt vielleicht noch unheimlich sind, und die allmähliche Gewöhnung daran macht dich selbstsicherer.

Es kann allerdings auch sein, dass du bestimmte Wünsche nicht erfüllen kannst. Zum Beispiel tun sich viele Menschen verständlicherweise schwer damit, jemanden übel zu erniedrigen und zu demütigen, den sie lieben und respektieren. Manche Menschen lösen dieses Problem, indem sie ihre Beziehung öffnen, also entweder der dominante oder der unterwürfige Partner solche erotischen Freuden mit jemand anderem als seinem festen Partner erlebt. So wie andere Formen von Sex können auch SM-Aktionen problemlos zwischen Menschen stattfinden, die nicht verliebt ineinander sind, sondern sich nur gefunden haben, weil es ihnen Spaß macht, auf diese Weise miteinander zu spielen. Eine solche Öffnung eurer Partnerschaft solltet ihr vorher gründlich durchsprechen, um das Risiko gegenseitiger emotionaler Verletzungen zu senken.

Am besten ist es, wenn du mehr und mehr lernst, an deiner Rolle bei solchen Spielen ohne unsinnige Schuldgefühle Gefallen zu finden – und das nicht nur dir selbst zuliebe: Auch ein unterwürfiger Partner ist glücklicher und erregter, wenn er von jemandem beherrscht wird, der seine Dominanz wirklich genießt.

Wie kannst du überzeugend Dominanz verkörpern?

Wenn du noch überhaupt keine Erfahrung damit hast, einen anderen Menschen erotisch zu beherrschen, und auch nicht von Natur aus mit einem großen Maß an Selbstbewusstsein ausgestattet bist, fühlst du dich vermutlich vor eine große Herausforderung gestellt – eine Herausforderung, die dir vielleicht sogar ein bisschen Furcht einflößt. Was kannst du tun, damit dich dein Partner zumindest vorübergehend als seinen Herrn wahrnimmt und das auch emotional spürt? Hierzu gibt es die verschiedensten Mittel und Wege.

Einer davon orientiert sich an dem alten Spruch »Fake it, til you make it«. Wenn du dich lange genug wie ein dominanter Mensch bewegst und versuchst, wie ein solcher Mensch zu denken, beginnst du dich über kurz oder lang auch so zu fühlen. Anfangs nimmst du dir vielleicht schon eine Weile, bevor euer Spiel beginnt, die Zeit, in diese Rolle hineinzufinden – indem du in der Kleidung, die du für dieses Spiel gewählt hast, durch deine Wohnung schreitest und im Geiste durchgehst, was du mit deinem Partner anstellen möchtest.

Deine Körpersprache spielt hier eine wichtige Rolle – nicht nur, um vor deinem Partner Wirkung zu erzeugen, sondern auch um deine eigenen Gefühle entsprechend auszurichten. Auf folgende Weise kannst du körpersprachlich Dominanz ausdrücken:

- Du stehst zu deiner vollen Größe aufgerichtet statt gebeugt und hast den Kopf erhoben statt gesenkt.
- Du nutzt andere Wege, um Raum einzunehmen, hast beispielsweise deine Arme in die Hüften gestemmt oder beim Sitzen deine Beine gestreckt oder auseinandergestellt.

- Du machst raumgreifende Bewegungen, etwa indem du ein wenig gestikulierst oder dich mal streckst.
- Du nimmst immer wieder selbstbewusst Augenkontakt auf und hältst ihn für mehrere Sekunden.

Als besonders effektiv, um sich selbst dominant zu fühlen, gilt die sogenannte Wonder-Woman-Pose, also die Beine schulterbreit auseinandergestellt und die Arme in die Hüfte gestemmt. Psychologen der Harvard und der Columbia Business School ließen die Versuchspersonen eines Experiments mehrere Minuten lang diese Position einnehmen und ermittelten dann, welche Veränderungen diese Haltung hervorrief. Dabei zeigte sich: Die Versuchspersonen fühlten sich selbstbewusster, optimistischer und dominanter und ihr Speichel wies sogar ein höheres Niveau von Testosteron und ein niedrigeres Niveau des Stresshormons Cortisol auf. Als man sie vor einem Gremium von Personen einen kurzen Vortrag halten ließ, traten sie dabei leidenschaftlicher und engagierter auf und wurden als fesselnder und überzeugender wahrgenommen. Wenn du dich also vor Beginn eures Spiels auf ähnliche Weise aufputschst, dürfte dir das dabei helfen, dich stark und machtvoll zu fühlen und das deinen Partner auch spüren zu lassen.

Selbstbewusstsein und Autorität erhältst du darüber hinaus durch Kompetenz. Je besser du dich über all die Praktiken informierst, die du mit deinem Partner erleben möchtest, desto sicherer fühlst du dich. Auch dein Partner merkt, dass du genau weißt, was du tust, und lernt, dir zu vertrauen und sich dir hinzugeben.

Selbstkontrolle und Reflektion im Spiel lassen dich ebenfalls stärker erscheinen. Indem du dich nicht von jeder eigenen Laune oder den Launen deines Partners treiben lässt und mehr reagierst als agierst, sondern dir stattdessen deine Aktionen gut überlegst, strahlst du ebenfalls Überlegenheit aus. Um deinen Partner im Griff zu haben, solltest du dich erst einmal selbst im Griff haben.

Des Weiteren sind Fairness und Verantwortung gegenüber deinem Partner wesentliche Aspekte deiner Dominanz. Wenn ihr zum Beispiel gemeinsame Regeln festlegt, dann fühlst du dich auch selbst daran gebunden und richtest dich danach, statt einfach die Zügel schießen zu lassen, nur weil es dir gerade besser in den Kram passt. Das macht es deinem Partner leichter, dich zu respektieren und zu dir aufzusehen.

Leichter fällt es ihm ebenfalls, wenn er das Gefühl hat, bei dir in guten Händen zu sein, weil du darauf achtest, dass ihm keine echten körperlichen oder seelischen Schmerzen zugefügt werden und dass du dich um ihn kümmerst, wenn er durch ein Spiel auf die eine oder andere Weise überfordert wurde. Wie du das am besten machst, darauf werde ich später noch näher eingehen.

Welche Risiken und Nachteile können mit der dominanten Rolle verbunden sein?

Vermutlich wird es für dich ebenso wie für deinen Partner eine tolle Erfahrung sein, wenn du bei eurem Rollenspiel so richtig in deiner Rolle aufgehst, sie überzeugend verkörperst und dir das richtig gut gefällt. Eine weniger tolle Erfahrung ist es, wenn dir diese Rolle derart gut gefällt, dass du sie auch in dein Verhalten außerhalb des Rollenspiels übernimmst.

Sicher, bis zu einem gewissen Punkt kannst du durchaus davon profitieren, dass du lernst, wie du wirkungsvoll auftrittst und die nötige Selbstsicherheit in dir aufbaust. Vielleicht gelingt es dir, auch im Umgang mit anderen Menschen deine Wünsche direkter zu äußern und dich zu behaupten, statt unnötigerweise klein beizugeben. Problematisch wird es aber, wenn dir deine dominante Rolle derart zu Kopf steigt, dass du dich in Bezug auf deinen Partner oder andere Mitmenschen tatsächlich als etwas Besseres und höher Stehendes hältst. Du bist dann auf deinem kleinen privaten Egotrip, vielleicht ohne dass dir das so richtig klar ist. Das ist keine abstrakte Gefahr, sondern kommt sogar so häufig vor, dass sich in der englischen Szenesprache dafür ein eigener Ausdruck entwickelt hat: »Top's Disease« nennt man dort diese unschöne Entwicklung.

Fatal ist das aus zwei Gründen: zum einen, weil du dich damit über die Rechte und Bedürfnisse anderer Menschen hinwegsetzt. Nicht jeder dürfte sich das gefallen lassen, was zu unnötigen Konflikten führt. Der zweite Grund ist, dass dich andere Menschen vermutlich für arrogant und egoistisch halten werden, ohne zu verstehen, dass das kein fester Charakterzug deiner Persönlichkeit ist, sondern erst nach und nach aus bestimmten Situationen entstanden ist, in denen du dich immer wieder befunden hast. Wenn du eben wieder und wieder erlebst, wie jemand vor dir auf Knien herumrutscht, dich anbettelt und verehrt und jedem deiner Kommandos augenblicklich gehorcht, dann beginnst du irgendwann unbewusst zu glauben, dass die Welt grundsätzlich so funktionieren sollte.

Da dir dieser Mechanismus immer wieder in BDSM-Situationen begegnet, ist es wahrscheinlicher, dass du dieses Verhalten vor allem auch in ähnlichen Situationen zeigst als sonst in deinem Alltag. Solltest du zum Beispiel mit anderen unterwürfigen Personen als deinem Partner zu tun haben, wirst du ihnen gegenüber vielleicht anmaßend oder übergriffig, noch bevor sie dir die Erlaubnis dazu gegeben haben. Bei der einen oder anderen Domina, die ich kennengelernt habe, hatte ich den Eindruck, dass sie eine derartige Verhaltensstörung entwickelt hat. (Allerdings kann man sich bei Dominas nie sicher sein, ob eine penetrante Arroganz nicht einfach zu ihrer persönlichen Inszenierung gehört.) Die Folge davon könnte sein, dass du weniger leicht Menschen findest, die sich mit dir auf SM-Spiele einlassen möchten. Wenn es dein fester Partner ist, mit dem du so umspringst, obwohl ihr euch gerade in keiner Spielsituation befindet, dürfte das zu den üblichen Konflikten führen, die auftreten, wenn sich ein Partner vom anderen nicht ausreichend respektiert oder sogar verachtet fühlt. Im schlimmsten Fall beginnst du bei euren erotischen Aktionen die Grenzen der

Einvernehmlichkeit zu überschreiten und befindest dich damit mindestens in der Grauzone zu sexueller Gewalt.

Mit welchen Gegenmaßnahmen kannst du diese Entwicklung rechtzeitig unterbinden?

Du hast die Möglichkeit, von Anfang an gezielt dagegen vorzugehen, dass dir deine dominante Rolle zu sehr zu Kopf steigt. Der vermutlich beste und zugleich einfachste Schritt hierfür ist, mit deinem Partner genau festzulegen, wo ihr euch innerhalb der Grenzen eines Spiels bewegt und wo nicht. Diese Grenzen können durch bestimmte Signale deutlich gemacht werden, die anzeigen, wann ein Spiel endet und wann es beginnt. (Beispielsweise indem dein Partner vor dir niederkniet und in dieser Stellung deine Hand küsst.) Im normalen Alltag behandelst du deinen Partner aber genauso respektvoll wie alle anderen Menschen auch, statt davon auszugehen, dass du besondere Vorrechte hast.

Sobald dir irgendjemand zu verstehen gibt, dass du dich anmaßend verhältst, dann solltest du nicht mit reflexhafter Abwehr reagieren, sondern – spätestens wenn diese Situation vorüber ist – darüber nachdenken, ob an diesem Vorwurf etwas dran sein könnte. Hast du ein Verhalten an den Tag gelegt, das auf andere etwas herrisch oder überheblich gewirkt haben könnte? Dann ist es vermutlich sinnvoll, besser darauf zu achten und so etwas zukünftig zu vermeiden.

Wenn du dir klarer darüber werden willst, wie angemessen dein Verhalten gegenüber deinem Partner ist, hilft es auch, wenn du dich mit anderen Menschen aus der SM-Szene unterhältst, die erfahrener sind als du. Sowohl dominante als auch devote SMer können dir ihre Sicht schildern und dir vielleicht den einen oder anderen brauchbaren Tipp geben. Du findest solche Menschen in Online-Communitys wie der »Sklavenbörse«, außerdem finden in vielen großen Städten SM-Stammtische und andere Treffen statt, bei denen man sich miteinander unterhält, statt sich erotischen Ausschweifungen hinzugeben.

Wie lernst du am besten, deinen Partner zu beherrschen?

Wenn du noch gar keine Erfahrung mit derartigen Spielen hast, kann es sein, dass du dich ganz zu Anfang ein wenig überfordert fühlst: Dein Partner kniet nackt vor dir und schaut dich erwartungsvoll an, gespannt darauf, was du jetzt wohl mit ihm anstellen wirst. Unvermittelt steigt in dir ein Gefühl der Panik auf, dass dir nicht das Richtige einfällt, um ihn in Ekstase zu bringen, oder dass dein Versuch, einen strengen Herrscher darzustellen, eher lächerlich oder armselig wirkt. In dir entsteht eine Form von Lampenfieber, die deine erotische Energie hemmt, statt sie frei fließen zu lassen.

In diesem Moment solltest du dir zunächst einmal klarmachen, dass von dir auch als dominantem Partner keine Perfektion erwartet wird – grundsätzlich nicht und in der Anfangsphase schon gar nicht. Solange ihr euch in den gemeinsam vereinbarten Grenzen bewegt, ist das, was du tust, fast *automatisch* richtig. Wenn du also beispielsweise erst mal mehrere Minuten lang deinen Partner ratlos anstarrst, dann ist das kein Fehler, sondern es ist dein Vorrecht und ein Zeichen deiner göttlichen Überlegenheit in dieser Rolle, dass du dir Zeit nimmst, um dir deine nächsten Schritte gut zu überlegen, während du zugleich die Anspannung deines Partners mit jeder Sekunde steigerst.

Du hast es nicht nötig, so zu tun, als hättest du schon Tausende von Menschen zu perfekten Sklaven ausgebildet, während du in Wahrheit keine Ahnung hast, was du da tust. Wenn du diesen Eindruck zu erwecken versuchst, während du dich mangels Erfahrung schon bei der einfachsten Fesselung verhedderst und merklich nervös wirst, dann wird der Kontrast zwischen deiner Rolle und der Wirklichkeit so groß, dass es selbst der gutwilligste »Sklave« nicht mehr schafft, in dieser gemeinsamen Fantasie stecken zu bleiben. Du darfst als »Herr« eben auch unerfahren sein, und es ist dir nicht verboten, es zu zeigen. Ihr habt euch bereits darauf geeinigt, dass du derjenige bist, der sagt, wo's langgeht – das musst du dir nicht erst durch bestimmte Leistungen verdienen. Insofern kannst du dich von sehr viel unnötigem Stress befreien.

Wenn du einmal zu dieser Erkenntnis gelangt bist, dann wird dir auch klar, dass du deinem Partner kein Extremprogramm zu bieten brauchst, als ob du jahrelang nebenher bei einer Domina gejobbt hättest, sondern auf einem relativ soften Level anfangen kannst. Womöglich ist auch dein Partner nicht supererfahren in diesem Bereich, weshalb auch er sich freuen dürfte, wenn du nicht gleich mit gnadenloser Härte und den ausgetüfteltsten Szenarien einsteigst.

Orientiere dich also eher an einem harmlosen Soft-SM-Streifen wie »Neuneinhalb Wochen« statt an einem Extrem-Porno und tue beispielsweise Dinge wie diese:

- Du befiehlst deinem Partner, vor dir einen so richtig heißen Striptanz aufzuführen.
- Du befiehlst deinem Partner, dich zu baden oder zu massieren.
- Du verwendest weiche Tücher, um ihn damit zu fesseln und ihm die Augen zu verbinden. (Der Nachteil von weichen Tüchern besteht darin, dass sie sich leicht zuziehen und die Knoten sich dann nur schwer wieder öffnen lassen. Verwende also Tücher, die du nicht mehr benötigst, und hab eine Schere in Griffweite.)
- Du lässt dich von deinem Partner mit dem Mund verwöhnen, während er die Hände hinter dem Rücken gefesselt hat. Dabei demütigst du ihn mit spöttischen Bemerkungen oder indem du seine »Leistung« bewertest.
- Du fesselst deinen Partner auf eurem Bett, bevor du ihn erst ein wenig piesackst – durch Zwicken, Kitzeln, sanftes Drehen seiner Brustnippel und so weiter – bevor du ihn besteigst. Zum erotischen Piesacken kannst

du auch die verschiedensten Hilfsmittel mit wachsender Unannehmlichkeit verwenden, also dich zum Beispiel von Fruchtstücken auf der Haut deines Partners über Eiswürfel zu Wäscheklammern bewegen.

- Du legst deinen Partner übers Knie und versohlst ihm mit einem Lineal, einem Kochlöffel oder was sonst Geeignetes zur Hand ist, den Hintern. Dabei ist deine andere Hand an seinem Schoß zugange. Wenn dein Partner erwartungsgemäß mit Erregung reagiert, machst du dich darüber lustig, wie sehr er es zu genießen scheint, bestraft zu werden.
- Du befiehlst deinem Partner, sich vor deinen Augen selbst zu stimulieren, während er dir seine geheimen erotischen Fantasien schildert. Dabei gibst du vor, auf welche Weise er sich zu befriedigen hat (zum Beispiel vor einem Spiegel), in welchem Tempo und vielleicht auch, welche Lustgeräusche er dabei hören lassen soll. Kurz bevor er zum Orgasmus kommt, hat er dich um Erlaubnis zu bitten. Du gewährst diese Erlaubnis aber nicht sofort, sondern lässt deinen Partner erst einmal eine Zeitlang zappeln.

Wie kannst du ein Spiel mit deinem Partner vorbereiten?

Um diese Frage zu beantworten, lassen sich Überschneidungen mit dem Ratgeber »Die ersten Schritte SM« leider unmöglich vermeiden. Als dominanter Partner bist du nun mal wesentlich für die Vorbereitung eines solchen Spiels verantwortlich. Ich werde die Punkte hier aber geraffter darstellen, statt sie ausführlich zu erklären.

Du kannst folgende Dinge tun:

- dafür sorgen, dass ihr nicht gestört werdet, indem du Telefon und Türklingel aushängst,
- dafür sorgen, dass es in dem Raum, wo ihr spielt, möglichst wenig gibt, was euch aus eurer Fantasiewelt herausreißt, also keinen Schmutz und Staub, keine herumliegenden Zeitschriften, vielleicht auch keine Uhren,
- für eine Raumtemperatur sorgen, in der man es auch nackt längere Zeit aushält,
- sämtliche Utensilien bereitlegen, die du benötigen wirst,
- eine Kleinigkeit zum Essen und Trinken vorbereiten, da emotional fordernde Situationen oft zu Hunger und Durst führen,

- vielleicht für eine Beleuchtung und eine Hintergrundmusik sorgen, die zu der von dir gewählten Inszenierung passen,
- wenn du magst, eine Art »Thron« für dich errichten: also einen Ort, wo du als Herrscher ausreichend zur Geltung kommst.

Eventuell willst du vor Beginn des Spiels auch Regeln festlegen, wie sich dein Partner mit dir verständigen darf. Du könntest ihm zum Beispiel befehlen, dass er nur sprechen darf, wenn du ihn etwas gefragt hast oder nachdem er durch das Heben seiner Hand um Erlaubnis gebeten hat. Ebenso gut könntest du von ihm verlangen, dass er auf jeden deiner Befehle mit »Ja, Herr(in)« reagieren muss oder sich für jede Strafe zu bedanken hat.

Gibt es irgendwelche anderen Spielregeln, die dir Spaß machen und deinen Partner weiter erniedrigen könnten? Vielleicht möchtest du anordnen, dass sich sein Kopf nie höher befinden darf als in Höhe deiner Hüfte oder dass dir dein Partner niemals ins Gesicht sehen darf, sondern seine Augen durchgehend zu Boden gerichtet haben muss. Ihr könnt das ja zumindest mal für ein Spiel ausprobieren, um zu erkunden, wie ihr euch dabei nach vielleicht einer halben Stunde fühlt. Vielleicht helfen euch diese Regeln, besser in eurer Rolle als Herr und Sklave aufzugehen. Vielleicht fühlt ihr euch dabei aber auch allzu unbehaglich; dann könnt ihr beim nächsten Spiel darauf verzichten.

Wie kannst du ein SM-Spiel so gestalten, dass deine Dominanz dabei zur Geltung kommt?

Wenn du das erotische Spiel mit deinem Partner gut vorbereitet hast, dann hast du schon sehr viel dazu getan, die Rolle des Herrn angemessen zu verkörpern. Aber auch während des Spiels kannst du noch einiges tun, um deine dominante Ausstrahlung und das Machtgefälle zwischen dir und deinem Partner zu verstärken.

In einem der ersten Schritte kannst du deinen Partner schon zu Anfang darauf einstimmen, indem du ihn dazu bringst, seine Unterwerfung eindeutig zu zeigen. Zum Beispiel indem du ihm befiehlst, deine Füße zu küssen. Oder indem du ihm ein Halsband umlegst, dass seine Rolle als Sklave deutlich macht.

Zugegeben, auch manche Herren tragen ein Halsband, wenn sie finden, dass es cool aussieht. Wenn du dich dafür entscheidest, sollte es aber wenigstens ein Halsband ohne metallenen Ring an der Vorderseite sein. Dieser sogenannte »D-Ring« ist nämlich dafür gedacht, dass man eine Kette hindurchführt und so den Sklaven festbindet oder ihn an die Leine nimmt. Bei einem Dominanten hat ein solcher Ring schlicht keinen Sinn, sondern erweckt nur den Eindruck, dass sich die betreffende Person bei den Accessoires, die von SMern benutzt werden, nicht wirklich gut auskennt. Auch wenn du als Dominanter grundsätzlich tragen kannst, was du willst, wäre ein solches Signal kontraproduktiv.

Als weitere Möglichkeit, deinen Partner von Anfang an in die richtigen Gleise zu bringen, kannst du ihn dazu auffordern, seine Unterwerfung dir gegenüber ausdrücklich zu versichern. Beispielsweise könnte er etwas sagen wie: »Ich gelobe, dass ich jedem deiner Befehle augenblicklich gehorchen werde. Ich stehe dir mit meinem ganzen Körper und meiner ganzen Seele für diese Nacht voll zur Verfügung. Du kannst mit mir anstellen, was dir gerade in den Sinn kommt. Mein einziges Begehren ist es, deiner Lust zu dienen. Du kannst mich belohnen und bestrafen, wie es dir gefällt.«

Wenn es deinem Naturell und deinen Vorstellungen von Gegenseitigkeit entspricht, kannst du etwas darauf Passendes erwidern, beispielsweise: »Ich versichere dir, dass ich meiner Verantwortung als dein Herr gerecht werden und deine Grenzen und Tabus achten will.« Natürlich habt ihr das alles ohnehin schon in Ruhe miteinander besprochen, aber eine eigene Beteuerung zu Beginn des Spiels trägt dazu bei, sich emotional auf das Kommende auszurichten.

Im Verlauf des Spiels kannst du das Machtgefälle zwischen euch weiter dadurch deutlich machen, dass du deinen Partner jetzt nicht mehr wie gewohnt mit seinem Namen oder einem Kosewort ansprichst, sondern ihn in geringschätzigem Tonfall als »Sklavenhure«, »Schlampe«, »Flittchen«, »Fido« oder »Wurm« bezeichnest. Umgekehrt hat er dich als seine »Herrin« oder seinen »Gebieter« anzusprechen. Außer dass du dich dominanter fühlst und dein Partner sich wertloser und unterwürfiger vorkommt, macht ihr einander damit auch deutlich, dass ihr euch gerade in eurer erotischen Fantasiewelt bewegt. Sobald einer von euch diese Fantasie aufbricht, indem er den anderen plötzlich wieder mit seinem tatsächlichen Namen anspricht, kann das ein Signal dafür sein, dass etwas nicht stimmt und geklärt werden sollte.

Zu Beginn des Spiels kannst du die innere Anspannung deines Partners steigern, indem du um ihn herumschreitest, seinen nackten Körper ausgiebig musterst und abfällige Bemerkungen dazu äußerst. Durch intime Fragen über die Fantasien deines Partners und danach, wie er sich als Sklave mit seinen Pflichten und dich als seinen Herrn mit deinen Vorrechten betrachtet, verstärkst du seine Entwürdigung und seine Unsicherheit. Je verwundbarer und ausgelieferter sich dein Partner fühlt, desto mehr können diese eigentlich unangenehmen Gefühle im Verlauf eures Spiels in sexuelle Erregung münden.

Wenn dein Partner körperliche Anzeichen dieser Erregung zeigt, weißt du, dass du dich mit deinem Verhalten – obwohl es »gemein« wirken mag – auf dem richtigen Weg befindest. Bleiben solche Anzeichen aus, bedeutet das allerdings noch nicht automatisch, dass du etwas falsch machst. Gerade bei den ersten Spielen dieser Art sind viele Menschen schlicht noch viel zu nervös, als dass sich ausreichend Erregung bei ihnen aufbauen und mit körperlichen Signalen entfalten könnte. Darüber, wie sich dein Partner während bestimmten Phasen eures Spiels gefühlt hat, kannst du dich danach noch in Ruhe mit ihm unterhalten.

Von hier an ist es deine Aufgabe, das Spiel im Fluss zu halten. Pausen zum Überlegen sind in Ordnung, aber sobald du dir anmerken lässt, dass dir gerade überhaupt nichts einfällt, würde das deinen Partner aus seiner erotischen Fantasiewelt herausreißen. Insofern ist es sinnvoll, immer ein kleines Repertoire an Dingen zur Hand zu haben, mit denen du ihn beschäftigen kannst – beispielsweise indem du ihn aufforderst, deine Füße zu küssen oder zu massieren. Beide Aufgaben kannst du strecken und zugleich intensivieren, indem du dich zunächst unzufrieden darüber zeigst, was dein Partner tut. Wenn er deine Füße massiert, kannst du dich beschweren, dass er das zu kraftlos tut oder dass seine Hände zu kalt sind, weshalb er erst mal eine Minute seine Handflächen aneinanderzureiben hat. Und wenn er deine Füße küsst, kannst du anordnen, dass er jeden Zeh einzeln zu lutschen hat – wieder und wieder. Wenn du den Eindruck hast, dass sein Engagement allzu zurückhaltend ist, kannst du auch Strafen androhen, um ihn auf Trab zu bringen. Möglicherweise hat er es insgeheim genau darauf angelegt.

Während dieses Spiels dürftest du ein immer besseres Gespür dafür bekommen, auf welche »Tonlage«, welchen Stil deiner Dominanz, dein Partner am stärksten reagiert. Beispielsweise gibt es Sklaven, deren Erregung durch die ständige Unzufriedenheit ihres Herrn wächst, und andere, die das als Zickigkeit wahrnehmen, was sie aus ihrer Stimmung herausbringt. Ein spöttischer oder amüsierter Tonfall hingegen würde ihre Erregung steigern. Manche Sklaven mögen es, wenn man verächtlich mit ihnen spricht, andere benötigen Wertschätzung und Anerkennung ihrer Dienste. Die Psychologie auch von unterwürfigen Menschen kann sehr verschieden sein.

Eine andere Möglichkeit, wenn du eine Pause benötigst – um zu überlegen, auf die Toilette zu gehen oder um etwas anderes zu tun, was du nicht aufschieben willst – besteht darin, deinen Sklaven für einen Moment »zwischenzuparken«. Du überlässt ihn also kurz sich selbst, tust das aber nicht in Form einer Spielpause, sondern als Bestandteil des Spiels, damit er im Zustand seiner lustvollen Anspannung bleibt. Auch hier hast du die verschiedensten Möglichkeiten: Du kannst ihn locker fesseln. Du kannst ihm die Augen verbinden und einen Kopfhörer aufsetzen, damit er in seine innere Fantasiewelt abtaucht. Du kannst ihn mit Blick auf eine Ecke des Raumes niederknien lassen. Und du kannst ihn sogar mit der Nasenspitze eine Münze gegen die Wand drücken lassen und ihm eine üble Bestrafung androhen, falls er die Münze fallen lässt. Sobald du das Spiel wiederaufnimmst, könntest du dich dann mit deinen Händen in seinem Schoß beschäftigen, um seine Selbstkontrolle besonders herauszufordern.

Der Orgasmus deines Sklaven – wenn du ihm überhaupt einen Orgasmus gestattest – sollte jedenfalls erst zum Schluss eures Spiels stattfinden, auch wenn du dir einen Spaß daraus machen kannst, deinen Partner immer wieder in die Nähe dieses Orgasmus zu bringen. Je mehr sich dein Lover nach der Entladung seiner inzwischen angestauten sexuellen Lust sehnt, desto sicherer kannst du sein, dass er sich alle erdenkliche Mühe gibt, dich so zufriedenzustellen, dass du ihm diesen Orgasmus endlich erlaubst. Nach seinem Orgasmus lässt diese Hingabe in der Regel deutlich nach. Außerdem ist dein Partner dann nicht mehr in der Lage, eigentlich unangenehme Dinge wie Fesseln und Schmerzen mental aufzufangen, indem er sein Missbehagen zu Erregung werden lässt.

Den Abschluss eures Spiels kannst du durch ein weiteres kleines Ritual anzeigen, beispielsweise das Abnehmen des Halsbands. Außerdem fühlt ihr euch vermutlich beide am wohlsten, wenn ihr danach nicht unmittelbar in euren Alltag zurückkehrt, sondern erst einmal »ausglüht« und eine Phase emotionaler Nachsorge folgen lasst. Darauf werde ich weiter unten noch ausführlicher eingehen.

Wie gehst du mit Aufsässigkeiten deines Partners um?

Dass ein SM-Spiel, bei dem ein Partner den anderen unterwirft, so reibungslos abläuft, wie ich es hier geschildert habe, ist keineswegs immer der Fall. Häufig kommt es stattdessen – gerade bei Partnern, die sich erst in ihre Rollen einfinden müssen – zu kleinen Machtkämpfen miteinander, die mal offen und mal verdeckt ausgetragen werden. Diese Kämpfchen können die unterschiedlichsten Gründe haben. Beispielsweise versucht der »Sklave«, das Spiel so zu steuern, dass es allein seinen Bedürfnissen gerecht wird, oder er möchte austesten, ob die Dominanz seines »Herrn« tatsächlich so unerschütterlich ist, wie er es gern hätte.

Auch die Formen, in denen solche Kämpfe ausgetragen werden, sind grundverschieden. Am direktesten ist noch die eindeutige Weigerung, etwa wenn dein Partner dir auf einen Befehl hin erklärt: »Sorry, das mache ich nicht.« Oft ist der Widerstand aber subtiler: Dein Partner unterbreitet dir

Gegenvorschläge. Er erhebt in unterwürfigem Tonfall Einwände. Er ignoriert einen Befehl von dir, als ob er ihn überhört hätte. Er fragt dich, ob du dir wirklich sicher seiest. Oder er versucht zu verhandeln: »Wenn ich das tue, bekomme ich dann das?«

Viele dominante SM-Liebhaber empfinden ein solches Verhalten ihres Partners als ausgesprochen nervig. Ihrer Einschätzung nach sollte in dem Gespräch vor dem Spiel geklärt werden, welche Befehle in Ordnung gehen und welche ein Tabu darstellen. Schon dadurch erhält der unterwürfige Partner viele Möglichkeiten, am Verlauf des Spiels entscheidend mitzuwirken. Wenn er es jetzt auch noch während des Spiels zu steuern versucht, geht dabei genau das verloren, was eine erotische Unterwerfung so reizvoll macht. In der Szenesprache wird dieses Verhalten als »Topping from the bottom« bezeichnet und ein dominanter Partner, der sich das bieten lässt, als »Service Top«.

Hier sind allerdings einige Einschränkungen wichtig. Wenn zum Beispiel dein Partner, für den SM-Spiele neu sind, erst während eines solchen Spiels feststellt, dass er sich völlig überschätzt hat, dann solltest du nachsichtiger sein. Das Eingreifen während des Spiels gehört dann schlicht zu den ersten

Gehversuchen. Genauso legitim ist es, wenn sich dein Partner von der Härte der Belastungen, denen er unterworfen wurde, so überfordert fühlt, dass er ein »Safeword« benutzt (ein Codewort, mit dem er signalisiert, dass seine Grenze erreicht ist). Und nicht zuletzt sollte man erwähnen, dass es kein festes Regelwerk dafür gibt, was bei SM-Spielen erlaubt ist und was nicht. Wenn du dich als »Service Top« wohlfühlst und deinem Partner gern jederzeit genau das gibst, was er gern hätte, dann geht das nur euch beide etwas an.

Oft aber wird das SM-Spiel für beide Partner ruiniert, wenn der angeblich Unterworfene in Wahrheit das Steuer übernimmt. Das von vielen eigentlich Ersehnte und für die volle Entfaltung der Lust Benötigte, nämlich dass der Dominante die Kontrolle innehat, wird beschädigt. Der Unterwürfige kann seinen Partner nicht als seinen »Herrn« ernst nehmen, wenn der sich von ihm mit Leichtigkeit dazu manipulieren lässt, alles zu tun, was der Unterwürfige will.

Was kannst du also tun, wenn dir so etwas passiert? Klar ist, dass du offene Proteste und klaren Widerstand während eines Spiels nicht einfach übergehen kannst, um deine Dominanz deutlich zu machen.

Wenn du einen anderen Menschen zu sexuellen Handlungen zwingst, denen er nicht zugestimmt hat, handelt es sich um eine Form von sexueller Gewalt. Freiwilligkeit ist Grundbedingung. Sehr wohl aber kannst du nach dem Spiel ein ernsthaftes Gespräch mit deinem Partner führen, ihm erklären, dass du dieses Verhalten nicht möchtest – und ihn vielleicht auch fragen, ob er wirklich die Kontrolle übernehmen möchte. Du kannst ihm erklären, dass er bei eurem Spiel zwar das Recht habe, Rahmenbedingungen und Grenzen mit festzulegen und dass er während des Spiels auch Bitten äußern und im Notfall sein Safeword benutzen darf, dass er aber nicht alles ausklammern sollte, was ihm irgendwie unangenehm ist. Das ist dann nämlich nicht mehr wirklich SM. Während des Spiels hast du das Sagen. Und wenn du den Eindruck hast, dass deine eigenen Bedürfnisse zu sehr auf der Strecke bleiben, kannst du auch klarstellen, dass du auf diese Weise nicht weiterspielen möchtest.

Wenn dein Partner tatsächlich unterwürfig ist (und keine tiefer liegenden Konflikte Ursache seines Sträubens sind), sollte eine solche klare Ansage nicht nur ausreichen. Deine Entschiedenheit, die Zügel in der Hand zu behalten, sollte seine Lust sogar steigern. Denn eben jenes Gefühl von Ausgeliefertsein ist es ja, weshalb er sich statt für Kuschelsex für Unterwerfungsspiele entschieden hat.

Welche Möglichkeiten für ausgefeiltere Rollenspiele gibt es?

Viele Paare bekommen Lust darauf, beim Sex in bestimmte Rollen zu schlüpfen, die sie dann so gut sie können verkörpern, um dadurch noch größere Lust zu gewinnen. Solche Rollenspiele müssen nicht automatisch mit Unterwerfung zu tun haben. Ein Paar beispielsweise, das so tut, als würden sich die beiden Partner zum ersten Mal in einer Bar begegnen, um sich dann ein Hotelzimmer zu nehmen und dort wilden Sex zu haben, fällt auch in diese Kategorie. SM-Szenarien bieten sich aber an, weil sie mit erotischen Fantasien zu tun haben, die sich stark von unserem Alltag unterscheiden und deshalb besonders aufregend sind.

Viele Menschen, die dominant oder unterwürfig sind, verbinden diese Neigungen ganz automatisch mit bestimmten Fantasien. Vielleicht haben sie es als Kinder beim Cowboy-und-Indianer-Spielen schon genossen, an einen Baum gefesselt zu werden, oder es hat ihr Herz in angenehmer Weise zum Rasen gebracht, wenn sie beim Räuber-und-Gendarm-Spielen gejagt und gefangen wurden. Als Erwachsene schauen sie dann Pornos, in denen der Scheich sich eine Sklavin kauft, sie auspeitscht und ihr beibringt, wie sie ihm sexuell zu dienen hat. Und beim SM-Sex kannst du dich noch intensiver in solche Fantasien fallen lassen. Oft hilft ein mit Bedacht gewählter Schauplatz oder wahlweise das eigene Wohnzimmer, das entsprechend verändert wurde, oder die passende Kleidung, eine solche Fantasie außerordentlich intensiv zu erleben.

Überlege zum Beispiel, ob die folgenden Rollenspiele euer Sexleben nicht anregen können:

Polizistin und festgenommener Verbrecher

Die Dominante muss ihren Partner so lange verhören, bis er eine bestimmte Information preisgibt. Diese Konstellation gibt beiden Partnern ein großes Maß an Kontrolle: Der Dominante kann die Gemeinheiten, mit denen er seinem Partner zusetzt, immer weiter steigern, während der Unterwürfige das Spiel mit seinem »Geständnis« jederzeit beenden kann, sobald es ihm zu viel wird. Das Spiel kann durch zusätzliche Elemente erweitert werden, etwa indem der dominante Partner den unterwürfigen packt, kraftvoll gegen die Wand drückt und eine »Leibesvisitation« vornimmt.

Scheich und Haremsdame

Der Dominante darf mit dem nackten Körper seiner Partnerin machen, was ihm gefällt. Sie muss sich alle Mühe geben, ihn zufriedenzustellen.

Lehrerin und unartiger Schüler

Die Dominante erteilt ihrem Partner Strafaufgaben und züchtigt ihn mit dem Rohrstock. Das ist nur eine Variante des sogenannten »Ageplay«, bei dem ein Partner zumeist in der Rolle eines Kindes erniedrigt wird. Er muss sich entsprechend kleiden, wird ausgeschimpft und so weiter.

Chef und Sekretärin

Der Dominante diktiert einen Brief und macht sich dabei in der Bluse oder unter dem Rock seiner Partnerin zu schaffen. Diese muss versuchen, ihren Job zu erledigen, während sie immer zudringlicher befingert wird. Irgendwann gelingt ihr das nicht mehr ...

Ausbilderin beim Militär und Rekrut

Die Dominante verlangt ihrem Partner eine Reihe schweißtreibender und anstrengender Aufgaben ab, die ihn an die Grenze seiner Belastbarkeit bringen, und verspottet ihn für seine unzureichende Leistung.

Erpresser und Opfer

Der Dominante besitzt etwas, beispielsweise kompromittierende Fotos, mit denen er seinen Partner dazu »zwingt«, die demütigendsten Dinge zu tun.

Arzt und Patientin

Der Dominante vollzieht bei seiner Partnerin eine eingehende »medizinische« Untersuchung ihres nackten Körpers.

Edle Dame und Dienerin

Der Unterwürfige muss im Kleid eines Hausmädchens oder einer Zofe die verschiedensten Arbeiten im Haushalt erledigen.

All diese Arrangements können ein erotisches Vorspiel darstellen, bevor der eigentliche Sex stattfindet. Und natürlich lassen sich die Geschlechterrollen in aller Regel auch austauschen. Statt »Scheich und

Haremsdame« spielt ihr dann eben »Amazonenkönigin und Sklave« und es ist die Aufgabe des Sklaven, seine Partnerin milde zu stimmen, um einer Auspeitschung zu entgehen. Bei »Chef und Sekretärin« kann die Sekretärin auch eine Femme fatale sein, die ihren Vorgesetzten im Griff hat und ihn dazu bringt, nackt vor ihr durchs Büro zu kriechen.

Auch ein Rollenspiel, bei dem der unterwürfige Partner auf die Stufe eines Tieres reduziert wird, finden viele SM-Liebhaber reizvoll. Beliebt ist hier beispielsweise das Pony-Spiel, wobei dem in der Regel weiblichen Partner oft mit Unterstützung einer Peitsche beigebracht wird, wie ein Pferdchen zu gehen und kleine Kunststücke zu vollführen. Ähnlich geschätzt wird die Dressur des unterwürfigen Partners zu einem gehorsamen Hündchen, das sich nur durch Bellen verständigen darf, mit dem Schwanz wedeln und Gegenstände apportieren muss. Dabei stellt es eine besonders intensive Demütigung für deinen Partner dar, wenn er sein Fressen aus einem auf dem Boden stehenden Napf zu sich nehmen muss, ohne dabei die Hände benutzen zu dürfen. Die Erniedrigung lässt sich steigern, wenn der Dominante diesen Napf mit eher unappetitlichen Speisen füllt (etwa Hundefutter, Babybrei, kalte Ravioli oder Küchenabfälle) und ihn mit seiner Spucke oder seinem Urin durchsetzt. Du kannst deinem Partner auch befehlen, sich selbst zu befriedigen, während er isst, und im Moment seines Höhepunktes seinen Kopf mit dem Fuß in den Napf drücken.

Ein etwas brisantes Rollenspiel schließlich ist die gespielte Vergewaltigung, wobei der in der Regel männliche Partner (vielleicht mit einer Strumpfmaske über dem Kopf) seine Partnerin »überfällt« und zum Sex zwingt. Hier ist etwas mehr Vorsicht geboten: Zwar kommen Vergewaltigungsfantasien bei Frauen häufig vor, weil sie verschiedene reizvolle Aspekte verbinden: Der »Täter« ist wirklich dominant, der Kontrollverlust groß, das »Opfer« ist offenkundig begehrenswert und der Sex anonym. Menschen, die schon einmal echte sexuelle Gewalt erlebt haben, kann ein solches Spiel aber emotional stark aufwühlen. Und wenn ihr so kühn seid, an einem allgemein zugänglichen Ort spielen zu wollen, weil das Ganze dort noch realistischer wirkt, solltet ihr sichergehen, dass kein Außenstehender diese Aktion mitbekommen kann und sie daraufhin womöglich für ein echtes Verbrechen hält. Ein Spiel in der eigenen Wohnung (Überfall im Bett oder unter der Dusche) ist in dieser Hinsicht sicherer.

Welchen Erniedrigungen kannst du deinen Partner beim privaten Spiel unterziehen?

Manche SM-Liebhaber genießen Spiele mit körperlichen Belastungen wie Fesseln und schmerzhafte Bestrafungen (die natürlich auch einen psychologischen Aspekt besitzen). Andere ziehen Demütigungen vor, die den Körper kaum oder gar nicht betreffen, sondern in erster Linie psychologischer Natur sind. Hier sind einige Ideen, was Letzteres angeht.

- Du kannst deinem Partner befehlen, sich in einem möglichst heißen Striptease zu entkleiden, dabei möglichst erotisch zu tanzen und sich anzupreisen wie eine Hure. Während er das tut, verbirgst du dein Amüsement darüber nicht und machst die eine oder andere spöttische Bemerkung.

- Du kannst ihm auch mitteilen, dass ihm nur noch dann erlaubt ist, deine Wohnung oder euer Schlafzimmer zu betreten, wenn er das auf Knien tut und zuvor sämtliche Kleidungsstücke ausgezogen und in einem Behälter vor beziehungsweise gleich hinter der Tür gelassen hat. Vielleicht möchtest du den Behälter dann an dich nehmen und ihn an einem anderen Ort verstecken.

- Dein Partner hat dir die intimsten Fragen über seine Sexualität wahrheitsgemäß zu beantworten: etwa über Häufigkeit und Gewohnheiten der Selbstbefriedigung, peinliche Erlebnisse aus seiner Vergangenheit, seine bislang verheimlichten erotischen Fantasien, seine geheimen Wünsche in Bezug auf bestimmte Personen (vielleicht aus eurem gemeinsamen Bekanntenkreis) und was dir sonst so einfällt. Auch hierzu kannst du wieder spöttische oder herablassende Kommentare abgeben. Insbesondere wenn sich diese Fantasien um Erniedrigungen drehen oder wenn dein Partner bestimmte wunde Punkte offenbart, merkst du sie dir für zukünftige Spiele.

- Du befiehlst deinem Partner, die Zunge herauszustrecken, und zwickst ihm eine oder mehrere Wäscheklammern hinein, sodass er sie nicht mehr zurückziehen und den Mund nicht wieder schließen kann. So kann er sich bestenfalls durch Hecheln und Lallen verständigen und fängt früher oder später unweigerlich an zu sabbern.

- Während du gemütlich und ausgiebig an einem Tisch speist – eventuell etwas, was dein Partner für dich zubereitet hat – lässt du für ihn ab und zu einige Brocken auf den Boden fallen, die er ohne die Zuhilfenahme seiner Hände essen muss.

- Bevor du abends ausgehst, um dich mit attraktiven Menschen des anderen Geschlechts zu treffen, hat dich dein Partner zu baden, abzutrocknen, dir eventuell die Fußnägel zu lackieren (wenn du weiblich bist), dich anzukleiden und vielleicht sogar erotisch in Stimmung zu bringen. Dann bleibt er zu Hause, wo du ihm einige Arbeit überlassen hast, während du dich vergnügst.

- Wenn du eine Frau bist, erlaubst du deinem Partner nur Dinge zu essen, die du dir zuvor in die Möse gesteckt hattest.

- Dein Partner muss dich zuerst massieren und danach zwischen deinen Pobacken lecken (sogenanntes »Rimming«).

- Für einen bestimmten Zeitraum, etwa eine Woche, hat dein Partner jederzeit sexuell verfügbar zu sein, egal was er gerade tut und ob er selbst in Stimmung ist oder nicht. Du bedienst dich an ihm ohne Vorwarnung, wann immer du gerade Lust dazu hast.

- Nachdem du bei schlechtem Wetter in der Stadt unterwegs gewesen bist, befiehlst du deinem Partner, deine Schuhe mit seiner Zunge zu säubern, während du sie noch trägst.

- Dein Partner hat dich als »Lustsklave« mit dem Mund oder der Hand sexuell zu befriedigen, ohne dass du dich dafür revanchierst. Auch wenn ihr euer Spiel beendet habt und zum Alltag zurückkehrt, hatte er immer noch keinen Orgasmus, während du vielleicht sogar mehrere genießen durftest.

- Du benutzt deinen Partner als Möbelstück – beispielsweise als Fußschemel, während du telefonierst oder dir eine TV-Sendung anschaust. Womöglich verwendest du seinen Mund auch als Aschenbecher.

- Dein Partner hat nackt bestimmte Hausarbeiten zu erledigen, also etwa zu spülen, aufzuwischen, die Fenster zu putzen (dort, wo er von außen nicht gesehen werden kann) oder deine Unterwäsche mit der Hand zu waschen. Wenn du besonders verspielt bist, kannst du deinem Partner die Ausführung dieser Arbeiten durch spezielle Maßnahmen erschweren (ein Arm an ein Bein gefesselt, er darf den Fußboden nur mit einer Zahnbürste schrubben oder einer Bürste, die er im Mund hält etc.).

- Nachdem sich dein männlicher Partner auf deinen Körper entladen durfte, muss er sein Sperma mit der Zunge und den Lippen ablecken und herausschlürfen.

- Dein Partner darf statt mit dir nur mit einem Gegenstand deiner Wahl sexuell aktiv sein, etwa einer Plastikvagina, einem Dildo oder einer Gummipuppe, oder er muss, wenn du weiblich bist, in deine Dessous onanieren. Dabei hat er auf deinen Befehl hin große sexuelle Lust zu zeigen, so als ob ihn diese Aktionen wirklich in Ekstase versetzen würden.

- Du machst von deinem Partner nackt und in entwürdigenden Stellungen Film- oder Fotoaufnahmen. Grundvoraussetzung dafür ist allerdings entweder ein besonders starkes Vertrauensverhältnis, damit diese Bilder im Falle einer Beziehungskrise nicht als Druckmittel beziehungsweise Instrument der Rache verwendet werden – oder aber du löschst diese Aufnahmen im Beisein deines Partners sofort wieder.

- Du legst deinem männlichen Partner einen Schwanz- oder Hodenring an, befestigst eine Leine daran und führst ihn herum.

- Wenn deinen Partner der Harndrang quält, darf er sich nur in einer vor Blicken geschützten Ecke deines Gartens oder Hinterhofs erleichtern.

- Dein Partner muss dich erst um Erlaubnis fragen, bevor er alltägliche Dinge verrichten darf, beispielsweise zur Toilette gehen, Geld ausgeben oder etwas essen.

- Wenn du eine Frau bist, kannst du deinen männlichen Partner dadurch demütigen, dass du ihn deine Unterwäsche tragen lässt, sie ihm über den Kopf streifst, nachdem du sie anhattest, oder sie ihm als Knebel in den Mund stopfst. Der erotische Reiz entsteht hier zum einen dadurch, dass du deinen Partner symbolisch zur Frau machst, zum anderen dadurch, dass er deinen Geruch oder Geschmack wahrnimmt, während er hilflos ist.

- Die Verweiblichung deines männlichen Partners kannst du auch mit anderen Kleidungsstücken vorantreiben, beispielsweise dadurch, dass du ihm unter Androhung von

Bestrafungen beibringst, in Stöckelschuhen zu gehen.

- Du verwendest deinen Partner als menschliche Sexpuppe. Dabei hat er völlig passiv zu bleiben, während du seinen Körper in die von dir gewünschten Positionen bringst und ihn nach Lust und Laune benutzt.

- Du befestigst einen Dildo mit einer Saugfläche an der Basis an einem Ganzkörperspiegel und lässt ihn deine Partnerin lutschen, während du sie von hinten nimmst. Zum Abschluss ejakulierst du in ihr Gesicht und lässt sie sich zum Höhepunkt bringen, während sie ihr Spiegelbild betrachtet und wiederholt erklärt, dass sie nicht mehr als eine Hure ist.

Welchen Erniedrigungen kannst du deinen Partner in der Öffentlichkeit aussetzen?

Für viele SMer sind Demütigungen, die lediglich zu zweit stattfinden, nur die halbe Miete, weil sie damit emotional noch nicht an ihre Grenze geraten. Wesentlich tiefer gehen Erniedrigungen, bei denen

Dritte Zeuge werden. Hier ist natürlich ein wenig Fingerspitzengefühl gefragt, weil man Bekannte oder auch wildfremde Menschen nicht ohne deren Einverständnis in Sexspiele hineinziehen sollte. Es sind aber ausreichend Aktionen denkbar, die sich im Rahmen halten und nur für deinen Partner eine besondere Herausforderung darstellen sollten. Auch hier wieder beispielhaft nur einige Ideen, von denen sich einige besser für unterwürfige Frauen und andere für unterwürfige Männer anbieten:

- Du befiehlst deinem Partner, auch öffentlich sein Halsband zu tragen, um damit allen, die die Bedeutung dieses Symbols verstehen, seine Unterwerfung zu zeigen.

- Bei einem Restaurantbesuch befiehlst du deiner Partnerin, unter ihrem Rock heimlich ihren Slip auszuziehen, ihn dir zu übergeben und mit ihrem nackten Schoß wieder Platz zu nehmen. Vielleicht möchtest du das Wäschestück offen auf den Tisch legen und dort belassen, bis ihr aufbrecht.

- Bei einem Restaurantbesuch befiehlst du deinem Partner, heimlich unter dem Tischtuch zu onanieren, wobei du ihn durch gelegentliche Berührungen mit deinem Fuß anheizt.

- Ebenfalls im Restaurant gibst du deinem Partner nur Reste deines Tellers zu essen, befiehlst ihm, ohne Benutzung der Hände oder zumindest ohne die Verwendung von Besteck zu essen, oder machst sein Gericht durch zu scharfes Nachwürzen ungenießbar. Du kannst einem männlichen Partner auch befehlen, sich auf die Toilette zurückzuziehen, sich dort selbst zu befriedigen, sein Sperma in einem geeigneten Behältnis aufzufangen, dann zum Tisch zurückzukehren und es zum Beispiel über seinen Salat zu verteilen, um ihn dann zu verspeisen.

- Bei einem Einkaufsbummel hat dein Partner immer ein paar Schritte hinter dir zu gehen, die eingekauften Waren zu tragen und darf nur vorauseilen, um dir Türen zu öffnen.

- Du befiehlst deinem Partner an einem öffentlichen Ort, dir auf die eine oder andere Weise die Schuhe zu säubern.

- Wenn du einen männlichen Partner hast, der auf solche Demütigungen steht, gehst du mit ihm in ein Dessousgeschäft, wo er die Verkäuferinnen nach Wäsche in seiner Größe zu fragen hat.

- Bei einer gemeinsamen Autofahrt hat dein Partner nackt oder nur unzureichend bekleidet zu sein, vielleicht zusammengerollt auf der Rückbank. Hier sind diverse Anschlussspiele denkbar. Der Kitzel wird verstärkt, wenn du den Wagen vor einem Geschäft parkst, um schnell ein paar Einkäufe zu tätigen.

- Dein Partner hat deinen Wagen nur unzureichend oder mit Fetischgarderobe bekleidet zu waschen. Ähnlich wie beim Nackt-Fensterputzen und dem Nackt-die-Post-Heraufholen kann der Reiz hier in den Bemühungen deines Partners liegen, von Außenstehenden nicht gesehen zu werden. Offenkundig hängt es von den örtlichen Gegebenheiten ab, ob so ein Risiko-Spiel überhaupt sinnvoll möglich ist.

- Deine Partnerin muss einer dritten Person zeigen, dass sie unter dem Abendmantel lediglich Reizwäsche trägt.

- Dein Partner muss auf deine Aufforderung hin Dritten von den Regeln berichten, denen er unterworfen ist, von seinem Fehlverhalten, den Bestrafungen und besonders peinlichen Momenten. Unter Umständen bieten sich hier Diskussionsforen im Internet an, in denen genau solche Entwürdigungen Thema sind. Dort findet ihr in dieser Hinsicht aufgeschlossene Menschen, die mit anzüglichen Kommentaren nicht geizen.

- Du rufst deinen Partner an seinem Arbeitsplatz an und befiehlst ihm, während des Gesprächs neben dem Telefon zu knien. Voraussetzung ist natürlich, dass so etwas für deinen Partner an seinem Arbeitsplatz überhaupt sinnvoll möglich ist und sich zum Beispiel sein Schreibtisch nicht in einem Großraumbüro oder in direkter Sicht seines Vorgesetzten befindet.

- Du schneidest die Hosentaschen deines Partners heraus und fesselst seine Hände so an die Oberschenkel, dass er beim Stadtbummel die Hände nicht mehr aus den Taschen nehmen kann. Das kann besonders unangenehm – und optisch reizvoll – sein, wenn es sich bei deinem Partner um eine nur mit einem dünnen T-Shirt bekleidete Frau handelt und es zu regnen beginnt.

- Wenn dein Partner hingegen ein beschnittener Mann ist, kann es auch für ihn eine Herausforderung darstellen, bei seinem Weg durch die Stadt keine Unterwäsche tragen zu dürfen. Die Spitze seines Penis wird dabei durch das Reiben am Stoff der Hose ständig gereizt und bei erotisch aufgeladenen Situationen (Berührung durch dich, Begegnung mit einer attraktiven Frau) kann es zu einer sichtbaren Erektion kommen.

- Du befiehlst deiner Partnerin, sich in einer öffentlichen Fotokabine ablichten zu lassen. (Solche Kabinen sind zwar seltener geworden, es gibt sie aber immer noch.) Allerdings hat sie dabei alles auszuziehen, was sie über der Gürtellinie trägt. Danach geht ihr davon und lasst die Fotos im Ausgabefach zurück. Aus naheliegenden Gründen bietet sich diese Aktion nicht unbedingt in eurer Heimatstadt an.

- Es gibt zahllose weitere Möglichkeiten, wie du jemanden durch die Kleidung erotisch demütigen kannst, die du ihm zu tragen befiehlst: Du kannst deine Partnerin anweisen, bei einer Party im Bekanntenkreis in der billigsten Schlampenaufmachung samt peinlichem Make-Up und billigen Accessoires zu erscheinen, die dir einfällt. Du kannst sie auch Kleidungsstücke tragen lassen, auf die sie verzichten kann, um dann an strategisch günstigen Stellen Löcher hineinzuschneiden, die pikante Einblicke gewähren. Du kannst anordnen, dass sie beim Stadtbummel schwarze Dessous unter weißer Oberbekleidung zu tragen hat (die Wäsche ist dann gut erkennbar) oder ein durchsichtiges Oberteil und keinen BH darunter, um dich dann an ihrer Verlegenheit zu weiden – insbesondere wenn sie eigentlich schüchtern ist und »freiwillig«

niemals so etwas tragen würde. Sollte das ihr Naturell sein, kannst du sie auch am Strand oder im Schwimmbad einen Mikro-Bikini tragen lassen, der wirklich nur das Allerallernötigste bedeckt.

- Befiehl deinem Lover, dich auch öffentlich mit »Herr« oder »Herrin« anzusprechen.

- Bringe deine Partnerin dazu, sichtbar ihren Vibrator in der Hand zu halten, bevor du sie in einer Einkaufspassage shoppen lässt.

- Mache einen gemütlichen Einkaufsbummel zusammen mit deiner Partnerin und gib ihr vorher und währenddessen immer wieder viel Wasser zu trinken, erlaube ihr aber nicht, auf Toilette zu gehen und sich zu erleichtern. Hab Spaß daran, wie sie dich immer inständiger danach anfleht.

- Du kannst deiner Partnerin, wenn ihr abends miteinander ausgeht, anordnen, Kleidung zu tragen, die ihre intimen Zonen leicht zugänglich macht, also etwa einen kurzen Rock ohne

Unterwäsche. Auf dem Heimweg führst du sie in eine dunkle Seitengasse, befiehlst ihr dort, auf alle viere zu gehen, und nimmst sie von hinten. Eine Variante: Deine Partnerin darf sich vollständig bekleiden, aber nur in alten Kleidungsstücken, die sie nicht mehr anzieht. Wenn du sie so bei Nacht in eine Seitengasse führst, zerreißt du jene Teile dieser Kleidung, die dich daran hindern, deine Partnerin zu benutzen. Wenn ihr euren Heimweg danach fortsetzt, muss sich deine Partnerin alle Mühe geben, dass ihre mehr als derangierte Garderobe nicht die befremdeten Blicke anderer Menschen auf sich zieht.

- Auch das Kaufen von Kondomen kann zur Demütigung benutzt werden. Deiner Partnerin kannst du befehlen, im Supermarkt eine Packung Kondome, eine große Gurke und eine Substanz, die sich als Gleitmittel verwenden lässt, auf das Laufband der Kasse zu stellen. Der Eindruck, den sie damit erzeugt, dürfte deutlich sein. Außerdem gibst du ihr vielleicht so wenig Geld mit, dass es zum Bezahlen nicht ausreicht, weshalb sie noch mal zu eurem

Auto zurückkehren muss, um welches zu holen – wodurch die Aufmerksamkeit für ihren peinlichen Einkauf noch weiter steigt. Ist dein Partner männlich, kannst du ihm auftragen, sich bei einer Apothekerin zu erkundigen, ob sie auch extra kleine Kondome vorrätig habe.

- Wenn deine Partnerin schnell zu beschämen ist, kannst du sie anweisen, für euch eine Pizza zu bestellen und dem Pizzaboten nur mit ihren knappsten Dessous bekleidet zu öffnen.

- Du kannst mit deiner Partnerin abends ausgehen, ihr in einer Bar oder einem Club Portemonnaie und Handy abnehmen und sie so dazu »zwingen«, männliche Gäste anzubetteln, dass sie ihr einen Drink ausgeben.

- Es gibt inzwischen Analdildos sowie Vibratoren mit Fernbedienung. Wenn dein Partner bei einem gemeinsamen Stadtbummel so ein Gerät in sich trägt, kannst du ihn damit wunderbar traktieren. Noch brisanter wird es, wenn du die Fernbedienung einer eingeweihten dritten Person überreichst.

- Du kannst Freunde oder Freundinnen zu dir nach Hause einladen und es deinem Partner überlassen, euch zu bedienen, während du ihm in herablassendem Tonfall Anweisungen gibst oder ihn mit wenig respektvollen Bezeichnungen belegst. Du berichtest deinen Gästen von den sexuellen Vorlieben und Fantasien deines Partners oder befiehlst ihm, die einzelnen Regeln aufzuzählen, die er in der Beziehung mit dir zu befolgen hat.

- Du verbietest deinem Partner, in der Öffentlichkeit mit anderen Menschen zu sprechen, außerdem hat er die Augen immer zu Boden gerichtet zu halten. Auf Dauer verschafft ihm dies das Gefühl, tatsächlich minderwertig zu sein.

- Du verlangst von deinem Partner zu den unmöglichsten Gelegenheiten, beispielsweise im Straßencafé, dass er deine Füße küsst.

- Du besuchst mit deinem Partner ein Geschäft für Haustierzubehör und lässt ihn dort verschiedene Halsbänder anprobieren, um zu sehen, welches davon ihm am besten steht.

- Wenn du eine Frau bist, kannst du mit deinem männlichen Partner auch ein Schuhgeschäft besuchen, um dir von ihm dort auf Knien ein Paar Pumps nach dem anderen anlegen zu lassen, bevor du dich entscheidest.

Welche Möglichkeiten der Online-Erniedrigung gibt es?

Es gibt Zeiten, in denen du deinen Partner demütigen oder auf psychologischer Ebene beherrschen und bestrafen möchtest, er sich aber nicht in deiner Nähe befindet. Vielleicht ist er beruflich unterwegs, vielleicht führt ihr eine Langzeitbeziehung, vielleicht kennt ihr euch bislang ausschließlich über Chat und Mail. Aber auch dann hast du die verschiedensten Wege, deine Herrschaft auszuüben.

- Du kannst deinem Partner befehlen, sich öffentlich bloßzustellen, beispielsweise mit Fotos, die er auf einer Website wie Pinterest online stellt, oder über ein Blog mit seinen peinlichsten Erlebnissen und Fantasien. Vielleicht sollte er dabei aber darauf achten, anonym zu bleiben, bevor diese Aktion entdeckt wird und beispielsweise berufliche Konsequenzen für ihn hat.

- Wenn dein Partner dir stark genug vertraut, kannst du ihm befehlen, erniedrigende Aufnahmen von sich zu machen und dir zuzusenden. Vielleicht entscheidet ihr euch stattdessen aber auch für den Einsatz einer Webcam, sodass du ihm live dabei zusehen kannst, wie er sich für dich erniedrigt. Das kann er tun, indem er beispielsweise strippt, sich Wäscheklammern anlegt, sich selbst schlägt, onaniert, aber keinen Orgasmus haben darf und so weiter.

- Dein Partner hat deinen »Geldsklaven« zu spielen und bestimmte Ausgaben für dich zu übernehmen oder dir Geschenke zu kaufen.

- Dein Partner hat Arbeit für dich zu erledigen, die du ihm zumailen kannst, beispielsweise zu redigierende Texte.

- Dein Partner hat unsinnige Sklavenaufgaben für dich zu erledigen, zum Beispiel jeden Abend hundertmal den Satz zu schreiben:

»Ich bin der nichtsnutzige und unterwürfige Sklave der edlen Herrin XY und tue alles, was sie möchte.«

- Du rufst ihn an seinem Arbeitsplatz oder während eines Restaurantbesuchs an oder schickst ihm eine SMS mit dem Befehl, dass er sich entweder sofort oder – falls das nicht sinnvoll möglich sein sollte – innerhalb der nächsten Viertelstunde zum Orgasmus bringt. Später hat er dir darüber Bericht zu erstatten.

- Du befiehlst deinem Partner, bevor er das Haus verlässt, mit Lippenstift Worte wie »Sklavenschlampe«, »Eigentum von ...« oder »zur Benutzung freigegeben« auf seinen Körper zu schreiben.

- Du befiehlst deinem Partner Dildos wachsender Größe in seiner Vagina oder seinem Hintern zu tragen – und zwar auch wenn er unterwegs ist und nachts, wenn er schläft. Dadurch wird er ununterbrochen daran erinnert, dass er gerade von dir »gefickt« wird und dir unterworfen ist. Er bleibt kontinuierlich in einem Zustand sexueller Verfügbarkeit und sexueller Anspannung. Und nachts hat er vermutlich besonders wilde Träume, über die er dir dann berichten darf.

Worauf solltest du achten, damit solche Erniedrigungsspiele gelingen?

Vermutlich hast du beim Lesen der vorigen Seiten schon gemerkt, dass manche der geschilderten Situationen emotional sehr fordernd sind. Vielleicht hast du dir auch unwillkürlich gedacht: »Großer Gott, so etwas würde ich niemals durchstehen.« Dabei solltest du bedenken, dass unterwürfige Menschen Erniedrigungen weit eher sexuell genießen können. Dem unbenommen stimmt es aber, dass solche psychisch fordernden Spiele oft schwerer zu bewältigen sein können als rein körperliche Spiele. Deshalb gibt es einige Punkte, die du dabei beachten solltest.

Vor allem ist es wichtig, dass du die ganz persönlichen Vorlieben und Grenzen deines Partners im Auge behältst. So kann es ein Mann erotisch anregend finden, wegen seiner angeblich unzureichenden körperlichen Ausstattung niedergemacht zu werden, aber nicht dafür, dass er zu wenig Geld verdient. Und umgekehrt. Erotische Demütigungen sind individuell und nicht beliebig austauschbar. Die eine bringt deinen Partner sexuell in Wallung, eine andere ist für ihn eine ernsthafte Kränkung, die er nur schwer verarbeiten kann, eine dritte lässt ihn vielleicht vollkommen kalt. Behalte im Auge, wie dein Partner ausgerichtet ist. Wenn ihr mehr Erfahrung mit solchen Spielen habt, kannst du ihn schon mal an seine Grenze führen – du solltest ihn aber nicht ernsthaft überfordern.

Solange ihr noch kaum Erfahrung mit so etwas habt, heißt es allerdings auch hier: Fangt lieber erst mal mit kleinen Schritten an, statt gleich in die Vollen zu gehen. Wähle erst einmal eine Inszenierung aus, mit der dein Partner gut zurechtzukommen glaubt, und überprüfe, ob das auch tatsächlich der Fall ist, bevor du es mit heikleren Aktionen versuchst.

Kann es trotzdem passieren, dass du deinen Partner emotional überforderst? Leider ja – so wie bei anderen SM-Spielen auch. In diesem Fall solltest du bereit sein, deinen Partner seelisch aufzufangen. Wie du das tun kannst, werde ich später noch näher erklären.

Und nicht zuletzt: Sobald sich Außenstehende ernsthaft belästigt zeigen, solltet ihr eure Aktion besser abbrechen. Es kann nicht jeder Außenstehende immer einordnen, dass es sich hierbei nur um ein harmloses einvernehmliches Spiel handelt. Passt also besser auf, dass ihr auch hier keine Grenzen übertretet.

Wie kannst du deinen Partner durch Orgasmuskontrolle quälen?

Eine überraschend intensive Steigerung seiner sexuellen Lust kann dein Partner erlangen, wenn du ihm seinen Orgasmus verweigerst beziehungsweise die Erlaubnis dafür zunächst aufschiebst. Das klingt zunächst widersinnig, ist inzwischen aber ein weit verbreitetes Faible geworden, zu dem man unter Stichworten wie »Teasing and Denial«, »Orgasm Denial« etc. mittlerweile zig Websites findet. Die Begeisterung dafür entspringt mehreren Faktoren: Da wäre zunächst reiner Masochismus, also die Lust daran, einem erbarmungslosen, sadistischen Lover ausgeliefert zu sein, der einem, obwohl der Drang danach unbezähmbar stark scheint, den erlösenden Höhepunkt einfach nicht gewährt. Außerdem sind Orgasmen, die sich immer stärker aufbauen und deren Entladung herausgezögert wird, oft besonders überwältigend und intensiv. Bleibt der Orgasmus auch zum Ende des Sexspiels verboten, bezieht die betreffende Person ihren Genuss aus dem anhaltenden Gefühl ihrer Geilheit, was manche als noch erfüllender empfinden als den Orgasmus selbst.

Um diese Praktik durchzuführen, brauchst du weder ein besonderes Geheimwissen noch eine ausgefeilte Technik. Stimuliere deinen Partner einfach mit der Hand und wenn du merkst, dass er sich seinem Höhepunkt nähert, hörst du auf und lässt ihn um die Erlösung betteln. Das tust du wieder und wieder. Dein Partner kann sich auch selbst befriedigen, wobei du ihm im kritischen Moment befiehlst, die Finger aus seinem Schoß zu nehmen. Dieser Befehl sollte sicherheitshalber mit deutlichem Nachdruck geäußert werden.

Du kannst an den veränderten Gesichtszügen und der körperlichen Anspannung deines Partners nicht deutlich genug ablesen, wie nah er seinem Höhepunkt ist? Dann befiehl ihm doch, wie in einem Countdown von zehn herunterzuzählen, je näher er seinem Orgasmus kommt. Dadurch kannst du sehr gut abschätzen, in welcher Phase er sich gerade befindet. Außerdem kannst du deinem Partner eine üble Bestrafung androhen – also etwas, das für ihn *wirklich* unangenehm, aber natürlich noch innerhalb seiner von euch vereinbarten Grenzen ist –, falls er »versehentlich« doch kommen sollte, ohne deine Erlaubnis zu haben.

Viele Liebhaber dieser Praktik bauen sie so aus, dass sie sich über einen längeren Zeitraum erstreckt. Dann würdest du deinem Partner beispielsweise für eine komplette Woche verbieten, einen Orgasmus zu haben. Und du kannst seine Tortur zusätzlich verstärken, indem du ihm zum Beispiel befiehlst, dich jeden Morgen und Abend mit seinem Mund zu befriedigen oder mehrmals am Tag zu onanieren, aber jedes Mal kurz vor dem Höhepunkt aufzuhören. Dadurch gerät dein Partner allmählich in einen Zustand anhaltender Dauergeilheit, wo ihn schon kleinste sexuelle Reize auf Hochtouren bringen.

Nur der Vollständigkeit halber sei hier erwähnt, dass manche Dominante ihren Partner auch einen sogenannten Keuschheitsgürtel tragen lassen, um sicherzustellen, dass er frei von Orgasmen (und sogar von einer Erektion) bleibt. Dazu könnte man noch sehr viel schreiben, was allerdings über den Rahmen eines Ratgebers für Anfänger hinausgehen würde.

Eine andere Technik für Fortgeschrittene, die ich hier nur kurz anreißen möchte, ist die Konditionierung auf einen Orgasmus. Hierbei würdest du jedes Mal, wenn dein Partner seinen Höhepunkt erreicht, mehrmals ein bestimmtes Wort wiederholen. Nach einer bestimmten Zeit sprichst du das Wort aus, kurz bevor dein Partner kommt. Dann vergrößerst du allmählich den zeitlichen Abstand zwischen dem Aussprechen dieses Wortes und dem Höhepunkt deines Partners. Allmählich werden dieses Wort und der Orgasmus im Kopf deines Partners so sehr verknüpft, dass er auf Kommando kommt, sobald du dieses Wort aussprichst – egal wo ihr euch gerade befindet. Diese Prozedur ist allerdings sehr zeitaufwendig, und ob du damit überhaupt Erfolg hast, hängt davon ab, wie leicht dein Partner generell von solchen Dingen (also auch von Hypnose und so weiter) beeinflussbar ist.

Wie kannst du deinen Partner zu deinem Sklaven ausbilden?

Wenn ihr über einzelne Spiele hinausgehen und du deinen Partner dauerhaft »abrichten«, also zu deinem Sklaven machen möchtest, würde sich eine Partnerschaft zu etwas entwickeln, das in der Szenesprache als »24/7-Beziehung« bezeichnet wird: 24 Stunden am Tag und 7 Tage in der Woche.

Grundvoraussetzung dafür ist ein entsprechend starkes Bedürfnis bei euch beiden und dass ihr zuvor Gelegenheit hattet, in kürzeren Phasen zu erproben, ob jeder von euch mit seiner Rolle gut zurechtkommt. Bevor ihr eure Beziehung zu einer »Dauerversklavung« umwandelt, solltet ihr tiefgehende Gespräche darüber führen, in denen ihr deutlich macht, was ihr euch konkret darunter vorstellt und was jeder von euch als seine Rechte und Pflichten betrachten würde. Das Ergebnis dieser Unterhaltung könnt ihr dann in einem sogenannten »Sklavenvertrag« festhalten. Eine solche Vereinbarung wäre natürlich rechtlich nicht bindend, aber sie hat einen psychologischen Effekt – ähnlich eines Treueschwurs – und bietet die Möglichkeit nachzulesen, worauf genau ihr euch ursprünglich geeinigt hattet. Sollten im Laufe der Zeit starke Veränderungen bei euch eintreten – in eurem Denken und Fühlen, aber auch in den äußeren Bedingungen eurer Partnerschaft – spricht nichts dagegen, diesen Vertrag anzupassen, völlig neu zu schreiben oder auch dem Reißwolf zu übergeben.

Dienste, die du deinem Partner auferlegen kannst, sind beispielsweise folgende:

- Er hat dir auf ein Signal hin (Fingerschnippen, Glockenläuten) so zügig wie möglich Tee, Pralinen, Kekse und andere Snacks zu servieren, während du im Bett oder auf der Couch liegst.

- Er hat dir beim Duschen oder Baden zu assistieren; er muss, wenn du eine Frau bist, danach die Maniküre und das Bürsten des Haares übernehmen, hat dich vielleicht auch zu massieren.

- Er hat dir beim Ankleiden zu helfen, insbesondere wenn du danach ausgehst, um Spaß zu haben, während sich dein Partner um weitere Dienste zu kümmern hat.

- Er hat die verschiedensten Hausarbeiten zu übernehmen, etwa Putzen, Geschirrspülen und Staubsaugen.

Sklaven, die nicht ausreichend unterwürfig sind, scheuen anfangs vor solchen Tätigkeiten zurück, weil sie sie als zu langweilig empfinden. Du hast aber verschiedene Möglichkeiten, diese Aufgaben für einen Devoten erotischer zu machen:

- Du begutachtest gelegentlich die Fortschritte seiner Arbeit, sparst dabei nicht mit spöttischen Kommentaren und lachst deinen Partner aus.

- Du wählst insbesondere sexuell gefärbte Aufgaben aus (wenn dein Partner einen entsprechenden Fetisch hat, lässt du ihn zum Beispiel alle deine Schuhe putzen) oder gestaltest diese Aufgaben so, dass sie besonders erniedrigend sind – etwa indem du deinem Partner befiehlst, deine getragene Unterwäsche mit der Hand zu waschen oder die schon grob gereinigte Toilette mit der Zunge vollständig sauber zu lecken.

- Du befiehlst deinem Partner, nackt im Garten tätig zu sein (Wäsche aufhängen, Unkraut rupfen, Brennnesseln entfernen), wenn dieser Garten vor Blicken von außen geschützt ist.

- Du befiehlst deinem Partner, beim Arbeiten entwürdigende Kleidung zu tragen (zum Beispiel obszöne Dessous für eine Frau, Dienstmädchenkluft für einen Mann).

- Du erschwerst das Durchführen bestimmter Arbeiten durch verschiedene Schikanen (Fesseln einer Hand auf dem Rücken oder der Fußgelenke aneinander, Anbringen von Hodengewichten, Grasschneiden nur mit Nagelschere).

- Du sorgst dafür, dass dein Partner beim Arbeiten unangenehmen Empfindungen ausgesetzt ist (Wäscheklammern an den Brustwarzen, Buttplugs im Hintern).

- Du erhältst »überraschend« Besuch, während er arbeitet, oder erzählst deinen Freundinnen oder Freunden von dem, was dein Partner für dich tut. Letzteres kündigst du deinem Partner vorher bereits genüsslich an. Vielleicht drohst du ihm auch damit, dich an jemanden aus deinem Freundeskreis zu »verleihen«, damit er auch für diese Person schuften muss.

- Du bildest deinen Sklaven nicht nur für vergleichsweise langweilige Tätigkeiten im Haushalt aus, sondern auch dahingehend, dass er in sexueller Hinsicht immer besser wird. Wenn du deine Partnerin beispielsweise dazu trainieren möchtest, dass sie beim Blasen immer mehr von deinem Schwanz in ihren Mund aufnimmt, könntest du ihr einen langen Dildo besorgen, den du mit verschiedenen Markierungen versiehst. Dann stellst du deiner Sklavin die Aufgabe, es bis zu einem festgelegten Zeitpunkt eine Markierung weiter zu schaffen als zuvor. Wenn sie das nicht schafft, wird sie von dir bestraft. Von da ab dürfte sie sich selbst mit dieser Aufgabe beschäftigen, ohne dass du dich noch groß darum zu kümmern brauchst, also etwa üben, im Internet und in Sexratgebern nach geeigneten Tricks und Techniken stöbern und so weiter.

Für viele SMer besteht der Reiz einer Ausbildung zum Sklaven darin, dass der unterwürfige Partner in seinen Aufgaben immer besser wird und er auch immer mehr spurt, die Befehle also zunehmend schneller und ohne zu zögern befolgt. Verschiedene

Dinge tragen dazu bei, dass dieser Reifeprozess zum perfekten Sklaven glückt:

- Die Anforderungen sollten klar und einer verlässlichen Regelmäßigkeit unterworfen sein. Je klarer deinem Sklaven ist, dass du immer wieder dieselben Dinge von ihm verlangst, desto leichter kann er deine Anforderungen erfüllen. Hilfreich ist es, wenn bestimmte Verhaltensweisen geradezu automatisch erfolgen, dein »Sklave« also zum Beispiel immer auf die Knie zu fallen hat, wenn du den Raum betrittst, oder wenn einfache Gesten von dir ausreichen, damit dein »Sklave« erkennt, welchen Befehl er befolgen soll. (Der »Sklave« küsst dir den Hintern, sobald du kurz darauf klopfst; dein »Sklave« entkleidet sich zügig, sobald du mit den Fingern schnippst oder was immer ihr sonst an Signalen festlegen möchtet.)

- Wenn dein »Sklave« eine bestimmte Aufgabe nicht oder nur unzureichend ausführt, solltest du erst einmal klären, woran es lag. Wenn es Gründe gab, die ihn entlasten, etwa weil ihm die nötigen Fertigkeiten fehlten oder dein Befehl missverständlich war, solltet ihr schauen, wie ihr dieses Problem für das nächste Mal behebt. Falls es deinem Sklaven hingegen am nötigen Gehorsam gefehlt hat, solltest du ihn angemessen bestrafen, damit das nicht wieder vorkommt.

- Anstelle sofortiger Strafen könnt ihr auch ein Punkte-System für die Erledigung der anfallenden Arbeiten entwickeln. Dein Sklave bekäme dann Pluspunkte für Leistungen, die deine Erwartungen noch übertreffen, und Minuspunkte für Fehler, Zögern beim Ausführen, Widerworte und alles andere, was auf mangelnden Gehorsam oder Nachlässigkeiten hinweist. Sobald eine bestimmte Summe an Minuspunkten zusammengekommen ist, hat sich dein Sklave eine Strafe eingebrockt. Wenn eine bestimmte Summe an Pluspunkten erreicht ist, hat er sich eine Belohnung verdient – beispielsweise könntest du ihm mal wieder einen Orgasmus erlauben. Je nachdem wie streng du sein möchtest, kannst du mit der Vergabe von Plus- und Minuspunkten unterschiedlich großzügig sein.

- Es kann sinnvoll sein, dass du deinem Partner befiehlst, ein »Sklaventagebuch« zu führen, in dem er regelmäßig seine Gedanken und Empfindungen einträgt und in das du Einblick haben darfst. Auf diese Weise kannst du nachvollziehen, was in deinem Sklaven vorgeht, und sicherstellen, dass du ihn nicht überforderst und er sich von dir nicht ungerecht behandelt fühlt. Grundvoraussetzung ist natürlich, dass er auf diesen Seiten offen schreiben darf, ohne dass du ihm vorhältst, was dort steht, oder ihn gar dafür bestrafst.

Wie bestrafst du deinen Sklaven am effektivsten?

Wenn du deinen Sklaven so bestrafen möchtest, dass diese Aktion sowohl eine erzieherische Maßnahme als auch einen gelungenen Teil eines erotischen Spiels darstellt, gibt es verschiedene Dinge, auf die du achten solltest.

Grundsätzlich solltest du deinen Sklaven niemals bestrafen, nur weil du dich über ihn ärgerst. SM-Spiele sind kein Ventil, um Zorn oder Aggressionen herauszulassen. Achte darauf, dass diese Grenze nicht verwischt wird.

Allerdings sollte eine Strafe aber auch über das hinausgehen, was du bei euren Spielen ohnehin schon mit deinem Sklaven anstellst. Nur wenn sie unangenehmer als die üblichen Aktionen ist, kann sie ihre Wirkung entfalten: deinem Sklaven klarmachen, dass er sich falsch verhalten hat und dieses Verhalten besser ändern sollte. Lass dir Strafmaßnahmen einfallen, die deinem Sklaven nicht wirklich gefallen, aber auch nicht die Grenzen und Tabus verletzen, die ihr zuvor festgelegt hattet. Dadurch, dass du dir wirklich unangenehme Strafen ausdenkst, unterbindest du auch, dass sich dein Sklave gezielt dämlich verhält, nur weil er Lust auf ein Bestrafungsspiel hat.

Vielleicht fragst du dich, wie du einen Sklaven bestrafen solltest, der ein echter Masochist ist und Schmerzen genießt. Hier solltest du daran denken, dass nicht jede Strafe mit Schmerzen verbunden sein muss und kaum ein Masochist jedes nur erdenkliche Übel genießt, das sich jemand einfallen lässt. Du kannst deinen Sklaven auch bestrafen, indem du ihm für eine Woche den Orgasmus verbietest, ihn besonders unerbittlich mehrmals hintereinander an den Rand des Höhepunktes bringst, aber nicht kommen lässt, ihm langweilige und endlos lange Schreibaufgaben auferlegst oder ihn mehrere Stunden nackt und angeleint in einem dunklen Keller verbringen lässt.

Du kannst aber auch ein netterer Herr und Meister sein und deinen Sklaven vorschlagen lassen, welche Strafe er für sein Fehlverhalten als angemessen empfindet. Um zu vermeiden, dass er dich mit Vorschlägen von Strafen zu manipulieren versucht, die ihm in Wahrheit gut gefallen, kannst du ihn warnen, dass abgelehnte Vorschläge eine besonders strenge Strafe nach sich ziehen, die *du* dir ausdenkst. Damit quälst du deinen Sklaven ein wenig auf psychologischer Ebene, weil er jetzt vor der Aufgabe steht, eine wirklich unangenehme Strafe für sich selbst vorschlagen zu müssen.

Bevor du die Strafe vollziehst, solltest du sicherstellen, dass dein Sklave wirklich versteht, womit er sie sich verdient hat. Du kannst nicht erwarten, dass sich sein Verhalten bessert und er bestimmte Fehler nicht wiederholt, solange er in dieser Hinsicht nur eine vage Ahnung hat. Am geschicktesten ist es, ihn einfach zu fragen: »Womit hast du das verdient, was jetzt auf dich zukommt? Was hast du falsch gemacht?« Wenn dein Sklave mit seiner Antwort zeigt, dass er noch nicht ganz verstanden hat, womit er sich diese Situation eingebrockt hat, solltest du ihn korrigieren. Gibt er sich ahnungslos, erkläre es ihm einfach. Vorwürfe wie: »Du weißt genau, wie du dir das verdient hast!«, bringen nichts. Es geht darum, eine klare Kommunikation herzustellen und deinem Sklaven verständlich zu machen, wie er sich in Zukunft verhalten sollte, wenn er sich ähnlich unschöne Maßnahmen ersparen möchte.

Dein Sklave kann während der Bestrafung zeigen, dass er sein Fehlverhalten dir gegenüber bereut – beispielsweise indem er dir für jeden einzelnen Schlag dankt, falls du ihn auspeitschst, indem er dich anfleht, ihm zu vergeben oder indem er dir vor, nach oder während der Prozedur die Füße leckt.

Wenn du deinen Partner körperlich bestrafen möchtest, solltest du erst einmal an dir selbst ausprobieren, wie schmerzhaft du diese Behandlung empfindest. Wenn du ihn zum Beispiel mit einer elektrischen Fliegenklatsche »bestrafen« willst, solltest du dir erst mal einen Eindruck davon verschaffen, wie unangenehm ein solcher Schock eigentlich ist.

Nun sind verschiedene Menschen unterschiedlich empfindlich und belastbar. Womöglich hält dein Partner bei bestimmten Dingen wesentlich mehr oder wesentlich weniger aus als du. Damit du hierfür ein besseres Augenmaß hast, gibt es für bestimmte Aktionen – insbesondere das Erteilen von Schlägen – eine Technik, die man als »Kalibrierung« bezeichnet. Dabei gibst du deinem Partner beispielsweise einen Schlag mit deinem Ledergürtel und forderst ihn dann auf, die Heftigkeit des Schmerzes, den du dadurch erzeugst, auf einer Skala zwischen eins und zehn einzuordnen. Nennt dein Partner eine niedrige Zahl, weißt du, dass du noch deutlich fester zuhauen kannst, ohne dir Gedanken machen zu müssen, dass du deinen Lover damit überforderst. Nennt dein Partner eine hohe Zahl, solltest du dich besser zurücknehmen.

Wenn du dir deinen Partner vorknöpfst, solltest du darauf achten, bestimmte Körperzonen zu verschonen, um gesundheitliche Schädigungen zu vermeiden. Zu diesen Stellen gehören vor allem der untere Rücken, der Bereich von Niere, Leber und Magen, Eierstöcke und Lymphknoten, Knie und Ellbogen (vor allem die Innenseite), die Handgelenke, Nacken und Kopf, insbesondere das Gesicht. Grundsätzlich solltest du Stellen verschonen, die sich unmittelbar über dem Knochen befinden oder wo Nerven und Adern dicht unter der Haut verlaufen.

Bei so vielen Warnhinweisen ist es für dich anfangs vielleicht einfacher, im Kopf zu behalten, wohin du mit weniger Bedenken zielen darfst. Das sind vor allem gut gepolsterte Stellen und der obere Rücken. Du brauchst dich hier eigentlich nur an die SM-Pornos zu halten, in denen Darstellern der Hintern versohlt oder der Rücken beziehungsweise die Brüste gepeitscht werden. Allerdings solltest du Schläge direkt von vorne auf eine weibliche Brust vermeiden, da hier die Wucht deines Schlages direkt auf den Drüsenkörper treffen würde, der nicht in der Lage ist, auszuweichen. Außerdem solltest du beim Schlagen von Brüsten so wenig Kraft wie möglich einsetzen.

Bleibt die Frage, welches Instrument du am besten verwendest, wenn du dich für eine körperliche Bestrafung entscheidest.

Vieles spricht hier für eine Peitsche, weshalb sie das wohl am häufigsten verwendete Strafinstrument sein dürfte. Vor allem kannst du damit Schläge gezielt dosieren. Diesen Vorteil kannst du ausbauen, indem du dich für die passende Peitsche entscheidest oder sogar eine kleine Kollektion zur Auswahl hast. Wenig schmerzhaft sind die sogenannten Showpeitschen mit weichen und besonders breiten Lederriemen, durch die sich die Wucht des Schlages besser verteilt. Schmerzhafter sind Peitschen mit schmalen Riemen aus hartem Leder, wobei du deren Wirkung noch erhöhen kannst, indem du die Riemen vor dem Einsatz in Wasser tauchst. Das Leder zieht sich zusammen und wird dadurch fester. Für besonders heftigen Einsatz gibt es auch lange Lederpeitschen, an deren Enden Gewichte angebracht sind. Auch Schläge mit einer Peitsche aus dem Kunststoff Delrin sind außerordentlich schmerzhaft. (Aus Delrin werden auch Rohrstöcke angefertigt, aber dazu kommen wir später.)

Wenn du deinen Partner schon durch den bloßen Anblick deiner Peitsche verängstigen möchtest, bietet sich eine Bullenpeitsche an, die aus einem elastischen Griff und 8 bis 32, mehrere Meter langen, zusammengeflochtenen Lederriemen besteht. Gerade wegen ihrer Länge und der dadurch entstehenden Gefahr der mangelnden Treffgenauigkeit ist dieses Schlaginstrument aber auch nach langer Übung eher ungeeignet. Die Verletzungsgefahr ist definitiv zu groß – vor allem wenn man weiß, dass es bei sehr langen Peitschenriemen einen sogenannten Wrap-around-Effekt geben kann: Dabei wickelt sich ein Riemen um die betreffende Person und kann ihr dabei durch die erhöhte Geschwindigkeit eine ernste Verletzung zufügen. Zwar kann man diesen Effekt vermeiden, indem man aus dem richtigen Winkel und der richtigen Entfernung zuschlägt – das aber gelingt mit einer Bullenpeitsche oft auch Profis nicht. Insofern bietet sie sich eigentlich nur an, um damit zu drohen. Ob sich ihre Anschaffung dafür lohnt, musst du selbst entscheiden – vor allem auf Erotikmessen findet man derartige Exemplare oft zu durchaus akzeptablen Preisen.

Für Anfänger besser geeignet ist eine sogenannte »Snake«, also eine einriemige komplett durchgeflochtene Peitsche, in deren Schnüre mitunter kleine Bleikugeln eingearbeitet sind, um ihr einen guten Lauf zu geben. Wenn du deinem Partner nur leichte Schmerzen zufügen möchtest, wäre ein »Flogger« das Instrument der Wahl. Er sieht ebenfalls furchteinflößend aus, ist aber harmlos, wenn du den richtigen auswählst: am besten ein Exemplar, dessen Riemen biegsam und nicht zu dick sind, aus sehr weichem Leder bestehen und abgerundete Ecken besitzen. Die Riemen mancher Flogger sind so sanft, dass Schmerzen bei seinem Einsatz völlig ausbleiben.

Natürlich muss es aber nicht unbedingt eine Peitsche sein. Stattdessen bietet sich für dich vielleicht eine »Tawse« an, die hierzulande auch schlicht als »Riemen« bezeichnet wird. Dabei handelt es sich um einen am Ende einfach oder doppelt gespaltenen Lederstreifen. Dieses Schlaginstrument hat den Vorteil, dass es unauffällig aussieht und jemand, der es zufällig sieht, bei seinem Anblick nicht automatisch an SM-Spiele denkt.

Unterschiedlich schmerzhaft sind die sogenannten »Paddle«: große, flache, recht steife Schlaginstrumente aus Leder oder auch aus Holz. Manche von ihnen sind mit Chrombeschlägen verziert, andere mit Löchern und Ösen durchsetzt – je größer diese sind, desto schmerzhafter ist jeder Schlag. Ein großflächiges Paddle kannst du gut benutzen, um bei deinem Partner erst mal eine starke Hautdurchblutung zu erzeugen, bevor du zu härteren Instrumenten übergehst.

Falls du noch Anfänger bei solchen Spielen bist, würde ich dir von der Verwendung einer langen, dünnen Reitgerte eher abraten. Obwohl es auch hier die unterschiedlichsten Modelle gibt (Geländegerte, Dressurgerte, Springgerte), die sich hinsichtlich ihrer Länge, Stabilität und Elastizität unterscheiden, haben sie alle dieselben Nachteile: Ihre Handhabung ist eher schwierig und muss erst gelernt werden und die Striemen, die du damit auf der Haut deines Partners verursachst, sind mitunter noch Wochen später zu sehen. Das kann bei Schwimmbad- oder Arztbesuchen schon mal zu irritierten Blicken führen. Keine Striemen bleiben in der Regel nur bei einer Gerte zurück, die man als »Springstock« bezeichnet.

Auch wenn du die bereits erwähnten Rohrstöcke verwenden möchtest, solltest du verschiedene Sicherheitshinweise beachten. Beispielsweise solltest du dich eher nicht für Stöcke aus Bambus entscheiden, da sie zu steif sind und öfters splittern, was zu bösartigen Verletzungen mit Narbenbildung führen kann. Vernünftiger ist es, sich für Stöcke aus spanischem Rohr, Thairohr oder Rattan zu entscheiden, die dieses Manko nicht aufweisen.

Generell solltest du beim Kauf eines solchen Schlaginstruments seine Qualität überprüfen, was eher dagegenspricht, dass du sie dir bei *ebay* besorgst, wo Rohrstöcke vor einiger Zeit von der Rubrik »Familie/Freizeit« in die Rubrik »Rollenspiele« gewandert sind. Bevor du dich für einen Stock entscheidest, solltest du vor allem darauf achten, dass sein Rohr gerade schwingt, statt unkontrolliert zur Seite wegzurutschen. Außerdem spricht einiges für einen kürzeren und weniger flexiblen Stock, den du leichter handhaben kannst.

Bevor du den Stock an deinem Partner einsetzt, ist es sinnvoll, dass du erst einmal an unbelebten Objekten zielen und treffen aus den verschiedensten Winkeln übst. Dann lernst du am besten die Wucht der Schläge richtig einzuschätzen, indem du den Stock an dir selbst ausprobierst. Und wenn du dir dann tatsächlich deinen Partner vornimmst, solltet ihr Stellen, die nicht getroffen werden sollen, durch schwere Handtücher oder Kissen schützen – insbesondere wenn es sich um empfindliche Regionen handelt.

Auch Rohrstöcke hinterlassen ihre Spuren, die deinen Partner in peinliche Situationen bringen könnten. Je nach Gewicht und Heftigkeit des Schlages bleiben für längere Zeit Doppelstriemen bis hin zu tiefen Blutergüssen zurück.

Viele Masochisten empfinden es als reizvoller, mit der ganzen Länge des Stockes statt nur mit seiner Spitze getroffen zu werden. In jedem Fall solltest du das Instrument regelmäßig wässern und fetten.

Insbesondere wenn du mit einem Anfänger spielst, solltest du ihn bei körperlichen Bestrafungen zuerst aufwärmen und ganz allmählich härter werden, statt von Anfang an in die Vollen zu gehen. Dein Partner kann eine Bestrafung auch leichter ertragen, wenn du zwischendurch mal eine Pause einlegst und seiner Haut sanftere Berührungen mit deinen Fingern zukommen lässt, beispielsweise eine wohltuende Massage. So hält dein Partner länger durch und die zärtlich-erotische Komponente eures Spiels wird erhöht.

Wenn es um körperliche Bestrafungen geht, fragst du dich vielleicht, was jetzt eigentlich mit Strafen ist, die ohne Schlaginstrumente ausgeführt werden, sondern mit der flachen Hand. Das kannst du natürlich machen, aber du dürftest dann bald feststellen, dass dir schon nach relativ kurzem Hinternversohlen selbst die Hand wehtut. (Übrigens kann auch dein Arm nach dem Auspeitschen wehtun, solange du noch ungeübt bist, weil deine Muskeln diese Bewegung nicht gewöhnt sind.)

Ohrfeigen hingegen sehen in Film und Fernsehen etwas leichter aus, als sie durchzuführen sind, wenn man Schäden verhindern möchte. Du solltest dabei vor allem darauf achten, nur die Wange und keineswegs das Ohr, die Augen, den Kiefer oder die Nase zu treffen. Wenn du ganz sichergehen möchtest, kannst du außerdem den Kopf deines Partners am Kinn oder der gegenüberliegenden Wange festhalten, um eine Schädigung der Halswirbel zu verhindern. Vieles hängt auch von der Stärke des Schlages ab. Ich habe mir selbst mal von einer Domina einen Satz Ohrfeigen verpassen lassen und empfand das eher als anregend denn als störend. Wichtig ist hier die psychische Einstellung deines Partners zu solchen Dingen.

Wie beendest du ein Spiel am besten?

Nachdem euer Unterwerfungsspiel zu seinem Ende gelangt ist, lässt du deinen Partner natürlich nicht einfach liegen und sagst: »Das hat Spaß gemacht. Was gibt's jetzt im Fernsehen?« In diesem Fall würde er sich womöglich benutzt vorkommen und du vermittelst den Eindruck, dass er dir im Grunde genommen egal ist. Stattdessen gehört es immer noch zu deiner Verantwortung als Dominanter, deinen Partner – und damit automatisch auch dich selbst – wieder in den Alltag zurückzuführen. Wenn dir das gut gelingt und du dich fürsorglich um deinen Lover kümmerst, vergrößerst du die positive emotionale Wirkung eures Spiels auf ihn erheblich.

Was also kannst du tun, um deinen Partner zum einen in der Wirklichkeit ankommen zu lassen und ihm zum anderen zu zeigen, dass er für dich ein wertvoller Mensch ist, auch wenn du ihn gerade noch gepeinigt, herumgeschubst und erniedrigt hast?

Folgende Möglichkeiten gibt es:

- Befreie deinen Partner sanft von seinen Fesseln. Wenn du ihm zum Beispiel eine Augenbinde angelegt hast, dann reiß sie ihm nicht ohne Vorwarnung ab.

- Schaue, ob es irgendwelche Verletzungen oder andere körperlichen Probleme gibt, um die du dich sofort kümmern solltest. Musst du eine Stelle desinfizieren?

- Führe deinen Partner zu einem bequemen, gemütlichen Ort, wo er entspannen kann. Wenn dein Partner noch nackt ist, decke ihn zu.

- Biete ihm etwas zu essen und zu trinken an. Schokolade ist gut geeignet, um nervliche Belastungen aufzufangen.

Vor allem aber kannst du deinen Partner durch emotionale Zuwendung auffangen. Wie diese Zuwendung konkret aussieht, hängt von deinem Naturell und der Art eurer Beziehung zueinander ab – es spielt ja nicht jeder SMer mit seinem festen Lebenspartner. Du kannst also zum Beispiel mit deinem Partner sprechen und ihn dafür loben, was er alles durchgestanden hat, ihm mitteilen, dass du stolz auf ihn bist oder dass dir das Spiel mit ihm großen Spaß gemacht hat. Du kannst dich danach erkundigen, ob alles in Ordnung ist und ob es im Verlauf des Spiels Momente für ihn gab, die er als problematisch empfunden hat. Konnte er das Spiel genießen oder hast du ungewollt wunde Punkte bei ihm berührt? Die Antworten deines Partners zeigen ihm nicht nur, dass dir sein Wohlergehen am Herzen liegt und du ihn als Mensch ernst nimmst, auch wenn du ihn eben vielleicht noch als Tier oder als Möbelstück behandelt hast. Sie geben dir auch Gelegenheit, dazuzulernen und ein besserer Herr zu werden. Du kannst deinen Partner in den Arm nehmen und jetzt auf sanfte und liebevolle Weise berühren, also von harter zu zärtlicher Erotik übergehen. Wenn euch das zu intim ist oder du findest, dass das nicht zu deiner dominanten Rolle passt, kannst du einfach eine Zeitlang neben deinem Partner sitzen bleiben und ihn deine Anwesenheit spüren lassen.

Wenn du das Machtgefälle zwischen euch nicht beenden möchtest, kannst du deinen Partner in entspannter Stellung zu deinen Füßen kauern lassen und dich um ihn kümmern, wie es ein Herrchen bei seinem Haustier tun würde. Auch aus einer Machtposition heraus kannst du ihm ja beispielsweise zu trinken geben oder ihn fragen, ob es ihm gut geht.

Dieses sogenannte »Auffangen« deines Partners, die Nachsorge nach einem belastenden Spiel, erstreckt sich im weiteren Sinne oft über einen längeren Zeitraum als die erste halbe Stunde direkt danach, bis hin zu mehreren Tagen. Oft nämlich kann jemand, der bei einem SM-Spiel in der Sklavenrolle war, nicht alle Empfindungen, die diese Erfahrung in ihm ausgelöst hat, klar benennen. Manche Gefühle brauchen einige Zeit, bis sie es an die Oberfläche schaffen und vollständig gespürt werden. Sie stoßen erst allmählich Gedanken an, über die dein Partner dann gern sprechen möchte. Deshalb ist es sinnvoll, wenn du auch am nächsten oder übernächsten Tag mit deinem Partner noch einmal Rückschau hältst. Je besser ihr versteht, was im anderen vorgeht, desto stärker und intensiver wird eure Bindung.

Was tust du, wenn sich dein Partner nach einem Spiel schlecht fühlt?

Selbst wenn du die Grenzen deines Partners beachtet und dich auch nach eurem Spiel um ihn gekümmert hast, kann es sein, dass dieses Spiel in ihm so heftige Gefühle auslöst, dass er darunter leidet. Er ist dann einfach überfordert von dem, was passiert ist, und das äußert sich in Symptomen wie starker Wut, elender Niedergeschlagenheit, einer Angstattacke oder intensiver Scham, wenn er daran zurückdenkt, was er hat mit sich anstellen lassen. Die unterschiedlichsten nervlichen und psychosomatischen Beeinträchtigungen sind denkbar. Oft bleibt das Missbehagen aber auch auf einer schwächeren Stufe – dein Partner fühlt sich dann einfach ein paar Tage nicht so gut.

Manchmal kann daraus eine Vertrauenskrise für eine Partnerschaft entstehen. In diesem Fall würde dir dein Lover die Schuld an seinem Zustand geben. Vielleicht war dein Verhalten in irgendeinem Moment ja auch wirklich nicht einwandfrei. Keiner von uns ist perfekt, Anfänger in einem Bereich schon gar nicht. Viele SM-Liebhaber sehen Beeinträchtigungen, wie ich sie eben geschildert habe, aber sportlich und sind der Auffassung, dass so etwas schon mal passieren kann, wenn man sich für solch brisante Spiele entscheidet. Auch Sportler haben ja gelernt, dass die eine oder andere Verletzung nun mal zu ihrem Hobby (oder Beruf) dazugehört. Es muss bei euch also nicht zwangsläufig eine Beziehungskrise entstehen, wenn dein Partner nach einem Spiel mal durchhängt.

Ein Beratungstelefon für SMer in Krisensituationen bietet die Plattform »Mayday« (*maydaysm.de*) an. Ich habe zwei der Experten, die dort tätig sind, danach gefragt, wie man mit sogenannten »Abstürzen«, wie die geschilderten Missempfindungen bezeichnet werden, umgehen sollte.

»Leider gibt's für Abstürze kein allgemeingültiges Rezept«, gab mir Chris zur Antwort. »Nicht mal bei gleichgelagerten Situationen. Es kann richtig sein, das Spiel abzubrechen und erst mal vier Wochen in Urlaub zu fahren. Es kann richtig sein, sich den ganzen Tag im Arm zu halten und sich zu versichern, dass das alles nur Spiel und nicht ernst gemeint war. Es kann richtig sein, das Spiel weiterzuführen und so den Partner spüren zu lassen, dass es nur Spiel war. Es kann richtig sein, einen Therapeuten zu suchen, mit einem Freund zu quatschen, was auch immer. Einen Hinweis gibt die Frage: Was tue ich sonst, wenn ich scheiße drauf bin?«

Ein anderer »Mayday«-Mitarbeiter, Sven, ergänzt: »Bei einem ›normalen‹ Absturz hilft meistens Auffangen in Form von Kuscheln, Zuhören, Dasein, keine Vorwürfe machen. Manche Devote können damit in diesem Moment nichts anfangen. Die wollen einfach in Ruhe gelassen werden. Wichtig ist in so einem Fall, dass der Dominante klarmacht, dass er/sie erreichbar ist und sich auch kümmert, wenn Nähe wieder möglich ist. Wichtig ist auch, nach ein bis zwei Tagen noch einmal darüber zu reden, was zu dem Absturz geführt hat. Fatal und definitiv auf Dauer beziehungsfeindlich ist die Situation, wenn der/die Abgestürzte am Ende auch noch den Dominanten pflegen muss, weil der nicht damit klarkommt, was er/sie ›angerichtet‹ hat.«

Deinem Partner Zeit geben und dann mit ihm darüber reden, was schiefgelaufen ist – das scheint mir in den meisten Fällen die vernünftigste Reaktion. Wenn du in diesen Gesprächen erkennst, dass dir die Kompetenz fehlt, um deinem Partner wirklich zu helfen, solltet ihr überlegen, professionellere Hilfe hinzuzuziehen. Hilfe kann von erfahrenen Menschen aus der SM-Szene kommen, von Sexualberatungsstellen oder eben auch durch einen Therapeuten.

Letzterer sollte allerdings jemand sein, der euch nicht schon für gestört hält, weil ihr euch für Unterwerfungsspiele begeistert. Eine Liste von Therapeuten, die mit BDSM-Erfahrungen gut umgehen können, findest du online unter *sm-outing.de/profi_hilfe.html.*

Passt auf, dass ihr euch nicht in eine Situation bringt, in der ihr euch nur noch gegenseitige Vorwürfe macht. Das kann leicht passieren. Eine vorstellbare Situation wäre zum Beispiel diese: Dein Partner gibt dir an allem die Schuld, weil du ihn zu hart misshandelt hast und seine Grenzen übergangen hast, ohne zu merken, dass er schon am Ende war. Du wiederum wirfst ihm vor, nicht klar zum Ausdruck gebracht zu haben, wie schlecht es ihm geht, sodass du dachtest, es sei alles in Ordnung. Tatsächlich hat aber dein Partner vielleicht erst gemerkt, dass etwas nicht stimmt, als es schon zu spät war – oder seine intensiven Gefühle sind erst hervorgebrochen, als euer Spiel vorbei war und er die Ruhe hatte nachzuempfinden, was mit ihm passiert ist. Rückblickend wünscht er sich vielleicht, vorher die Bremse gezogen zu haben, kann das aber jetzt nicht mehr ändern.

Und wenn du tatsächlich etwas falsch gemacht hast? Dann bricht dir auch als Dominantem kein Zacken aus der Krone, wenn du das zugibst und deinen Partner um Entschuldigung bittest. Du darfst einen schlechten Tag haben und du wirst nicht automatisch fehlerfrei, nur weil du die dominante Rolle übernimmst. Zu deiner Verantwortung gehört es allerdings, alles zu tun, damit du diesen Fehler nicht wiederholst.

Was tust du, wenn du dich nach einem Spiel schlecht fühlst?

Es muss nicht dein Partner sein, dem es nach einem SM-Spiel plötzlich schlecht geht. Dir kann dasselbe passieren.

Das mag dich überraschen. Schließlich hattest du die ganze Zeit über die Kontrolle und konntest bestimmen, was getan wurde und was nicht. Vielleicht hast du das Spiel auch sehr genossen und dich dabei großartig gefühlt. Aber nachdem es vorbei ist – vielleicht auch erst am nächsten oder übernächsten Tag –, baust du sichtlich ab. Du fühlst dich ausgelaugt und erschöpft oder unruhig und nervös, hast Probleme, dich zu konzentrieren oder eine Sache gründlich zu durchdenken, kommst dir minderwertig oder hilflos vor. Und das Letzte, worauf du Lust hast, ist ein neues SM-Spiel mit deinem Partner.

Zahllose andere dominante SMer haben diesen Zustand auch schon erlebt. Manchmal stecken unbewusste Schuldgefühle dahinter: Wenn man kein Psychopath ist, empfindet man kein Vergnügen daran, einen anderen Menschen ernsthaft zu quälen. Das ist falsch und gesellschaftlich tabuisiert. Deinem Verstand mag klar sein, dass eure Aktion nur ein einvernehmliches Spiel war, aber auf der Gefühlsebene verarbeitest du es anders. Manchmal ist der Grund für dein Missbehagen auch, dass du dich überschätzt hast. Du kannst emotional noch nicht mit deiner neuen Rolle und der Verantwortung umgehen, die damit verbunden ist. Das alles wird dir zuviel, ohne dass du genau weißt, weshalb. Prompt reagierst du mit innerer Unruhe und Erschöpfung.

Es gibt grundsätzlich zwei verschiedene Wege, wie du dir in dieser Situation selbst helfen kannst: Der eine Weg orientiert sich an der Frage, mit der ich oben Chris von Mayday zitiert habe: »Was tue ich sonst, wenn ich scheiße drauf bin?« Du solltest dich selbst so verwöhnen, wie du deinen Partner auch verwöhnen würdest, wenn du merkst, dass es ihm auf gänzlich unerotische Weise schlecht geht. Nimm ein warmes Bad, höre deine Lieblingsmusik, schau deine Lieblingssendung, trink eine Tasse Tee oder iss ein bisschen Schokolade. Oder geh raus an die frische Luft und tanke Sonnenlicht. Auch Bewegung und Entspannungsübungen können dir guttun. Nicht zuletzt mag es hilfreich sein, wenn du das Wirrwarr deiner Gedanken und Gefühle durcharbeitest, indem du sie in Form eines Tagebuchs niederschreibst.

Das alles sind Dinge, die du allein tun kannst. Der zweite Weg besteht darin, dass du mit deinem Partner darüber sprichst. Es kann auch jemand anders sein, zum Beispiel eine erfahrene Person aus der SM-Szene, die Erfahrung mit erotischer Dominanz hat und deshalb vermutlich auch weiß, dass deine Missempfindungen so ungewöhnlich nicht sind. Wenn du so jemanden nicht kennst, kann dich vielleicht auch ein guter Freund aufbauen, der über SM wenig weiß, dafür aber umso mehr über dich. Aber dein (Spiel-)Partner wäre die naheliegendere Wahl, weil du zusammen mit ihm das erlebt hast, was dich jetzt niederdrückt.

Auch hier gilt: Du darfst als dominante Person auch Schwäche zeigen. Du musst dich nicht dazu zwingen, das Bild des unerschütterlichen Felsens in der Brandung abzugeben. Innerhalb eurer Rollen bist du für ihn verantwortlich, aber jenseits dieser Rollen geht diese Verantwortung in beide Richtungen. Da du keine von ihm bezahlte Domina bist, dürfte er sich auch dafür interessieren, dass es dir nicht gut geht, und bemüht sein, dir zu helfen.

Insbesondere wenn du auf emotionaler Ebene tatsächlich unverarbeitete Schuldgefühle hast, kann ein solches Gespräch sehr sinnvoll sein. Wenn du alles getan hast, um deiner Verantwortung im Spiel gerecht zu werden, meldet dir dein Partner vermutlich zurück, dass es für ihn trotz aller Strapazen eine tolle und sexuell befriedigende Erfahrung war, die er gern mit dir wiederholen möchte. Wenn nicht, könnt ihr gemeinsam überlegen, wie es in Zukunft noch besser laufen kann.

LESEPROBE:

ARNE HOFFMANN
UNTER HOCH-SPANNUNG

Yvonne hatte schon wieder dieses diabolische Glitzern in den Augen, das mir überhaupt nicht gefiel.

Wir saßen einander in einer Schickimicki-Lounge unserer Stadt gegenüber, in der viele junge Frauen in teurer und zugleich erotisch sehr ansprechender Kleidung unterwegs waren. Oft genug wusste man gar nicht, wohin man seine Augen wenden sollte, ohne von Sinnesreizen überladen zu werden. Yvonne passte an diesem frühen Abend sehr gut in diesen Laden hinein mit dem vermutlich sehr teuren Hosenanzug, der ihre Figur famos in Szene setzte, ohne billig zu wirken. Nun wäre Yvonne auch in einem T-Shirt und abgetragenen Jeans ein echter Blickfang gewesen, aber so wie sie heute wirkte, hätte ich direkt auf sie draufspringen können.

Und ich war mir sicher, dass sie das merkte.

Unter dem Tisch berührte mich ihr Fuß, glitt langsam mein rechtes Bein hinauf. »Kannst du´s noch aushalten?«, fragte sie mich frech.

»Hm? Was?«

»Hm? Was?«, äffte sie mich nach. Höher und höher bewegte sich ihr Fuß. »Die Geilheit sprudelt dir doch heute Abend förmlich aus den Augen, mein Guter.«

Ich lachte, vermutlich ein bisschen gekünstelt. »Kann gar nicht sein«, protestierte ich schwach. »Ich bin völlig beherrscht.«

Yvonnes Lachen klang deutlich amüsiert. »Völlig beherrscht, soso. Ich möchte wetten, wenn ich dich jetzt mit in mein Appartement nehmen würde, würdest du augenblicklich über mich herfallen.«

War das ein Angebot? Eine Ouvertüre? Schließlich war ich bei Yvonne schon einige Zeit am Baggern. Bis jetzt hatte sie ein seltsames Spiel mit mir gespielt: Einerseits hatte sie mich ermuntert und hin und wieder erotische Berührungen initiiert, so wie jetzt, andererseits aber – bevor es richtig ernst wurde – immer wieder die Reißleine gezogen und mich auf Abstand gehalten. Ich hatte keine Ahnung, ob das bei ihr ein besonders ausgiebiges Vorspiel darstellte oder ob sie mich nur als eine Art Amüsement betrachtete.

»Probier es doch aus«, schlug ich deshalb leichterhand vor.

»Das könnte dir so gefallen, hm? Gut, mir vielleicht auch. Aber ich bin leider extrem wählerisch, was Männer angeht.«

»Aha?«

»Womit ich zum Beispiel so gar nichts anfangen kann, ist ein Mann, der im Bett zweimal in mich reinstößt, dann kommt und sich grunzend wieder von mir runterrollt. Hatte ich schon zu oft, brauch ich nicht wieder. Was ich brauche, ist ein Lover, der sich im Griff hat und wirklich Ausdauer zeigt.«

»Mit anderen Worten«, erwiderte ich, »du suchst jemanden wie mich.«

»Ach?« Sie zog eine Braue in die Höhe. »Da fühlst du dich berufen?«

»Klar. Hab ich dir nie erzählt, dass mich meine weiblichen Bekannten früher als Duracell-Hasen bezeichnet haben?«

Das Timbre ihres Lachens ging mir durch und durch. »Und du glaubst nicht, dass du den Mund ein bisschen arg voll nimmst?«

»Ich bin jederzeit bereit, den Beweis zu erbringen.«

»Indem du mit mir ins Bett gehst – das wette ich. Aber wenn ich dabei enttäuscht werde, ist es für mich leider zu spät.«

»Tja, das wäre aber wohl der einzige Weg, es herauszubekommen.«

»Nicht unbedingt.« Sinnend legte sie einen schlanken Finger an ihren purpurroten Mund. »Ich hätte da durchaus noch eine andere Idee, wie du deine Manneskraft und deine Selbstkontrolle unter Beweis stellen könntest …«

***

Eine halbe Stunde später waren wir in ihrer Wohnung. Dort hatte Yvonne mir gerade einen Vorschlag gemacht, der mich ein bisschen aus dem Konzept brachte.

»Äh … ich bin nicht sicher, ob ich alles richtig kapiert habe«, druckste ich herum, um Zeit zu gewinnen.

»Du hast schon verstanden«, erwiderte sie knapp. »Also, was ist jetzt? Kriegst du das hin oder war dein ganzes Geprahle gerade nichts als heiße Luft?«

Immer noch etwas irritiert blickte ich zur geöffneten Tür ihres Badezimmers.

»Okay«, sagte ich langsam. »Du möchtest also, dass ich meine Klamotten ausziehe. Bis hierhin hört es sich schon mal ganz gut an … und mich dann da drin hinknie und …«

»Und deinen Schwanz zum Stehen bringst, genau«, ergänzte sie mit einem etwas entnervten Unterton, als sei ich ein kleines Kind, dem man alles fünfmal erklären muss. »Ich bleibe hier draußen, werde aber ab und zu überraschend reinschauen. Wenn dein Schwanz jedes Mal immer noch aufrecht steht, dann hast du deine Manneskraft bewiesen und mich für den Rest der Nacht für dich. Wenn du aber zwischendurch schlapp machst … und erst recht, wenn du kommst, dann setze ich dich vor die Tür.«

Ich war immer noch einigermaßen perplex. Auch bei der zweiten Erklärung der Regeln hörte sich dieses Spiel nicht weniger irre an. Andererseits stand mir da gerade eine megascharfe Schnitte gegenüber, auf die ich es schon seit einiger Zeit abgesehen hatte, und bot mir ihren Luxuskörper für den Rest der Nacht an, wenn ich bei dieser Nummer nicht versagte. Und wenn ich bei ihrer verrückten Idee nicht mitmachte, würde ich wohl keine zweite Chance bekommen. Insofern lag es schon ziemlich nahe, wie meine Wahl ausfallen würde.

Ich machte mich daran, den Gürtel meiner Jeans zu öffnen. »Und wie lange, meinst du, soll das Ganze ungefähr dauern?«

»Das entscheide ich nach Gefühl«, sagte sie. »Ich hab mir da keinen genauen Zeitplan zurechtgelegt. Keine Angst, ich will schließlich auch noch etwas von dir haben. Und wer weiß, wann ich es vor Lust auf dich nicht mehr aushalte ...« Sie zwinkerte mir zu.

Das klang doch sehr überzeugend. Langsam schälte ich mich aus meiner Jeans. Die Schuhe hatte ich schon im Flur abgestreift.

Genüsslich sah mir Yvonne bei meinem kleinen Strip zu. Dann nahm sie ein großes Kissen von ihrer Couch, ging damit hinüber zum Bad und warf es dort auf den Fußboden. »Da hast du ein Polster für deine Knie«, meinte sie. »Damit dir der Spaß nicht dadurch ruiniert wird, dass sie schon nach ein paar Minuten anfangen wehzutun.«

Das Kissen war wirklich sehr weich, als ich mich etwas später darauf niederließ. Es bildete auch einen guten Puffer für den Fußboden, der doch etwas kühl war, obwohl Yvonne – in kluger Voraussicht? – ihr Bad gut beheizt hatte.

Yvonne stand im Türrahmen und sah auf mich herab. Ich kniete nackt vor ihr und wollte gerade Hand an mich legen, um meinen Schwanz in die von ihr gewünschte Position zu bringen, als ich mit leichter Verblüffung feststellte, dass er ganz von selbst in die Höhe stieg.

»Magie!«, kommentierte Yvonne meinen überraschten Gesichtsausdruck lachend. »Es scheint dich ja ganz schön anzumachen, nackt vor mir zu knien.«

Ausgerechnet in diesem Moment fiel mir doch tatsächlich keine clevere Antwort ein. Ich schaute nur etwas dümmlich zu ihr empor.

Immer noch lachend legte sie ihre Hand auf die Klinke. »Dann halt dich mal aufrecht, Alter«, warf sie mir zum Abschluss zu. »Viel Vergnügen!« Damit zog sie die Tür zu.

Und ich kniete nackt und mit einem erigierten Schwanz in ihrem Bad.

Was für eine wahnwitzige Situation!

Das Licht hatte sie immerhin angelassen. Mein Blick wanderte über die hellbeigen Fliesen, die plüschigen Handtücher, die Dusche und einen Aufbau mit den unterschiedlichsten Badeutensilien, offenbar diverse Schaumbäder, Shampoos und was weiß ich. Durchaus geschmackvoll eingerichtet, musste ich sagen …

Um diese heiße Story (16 Seiten) von Arne Hoffmann weiter zu lesen, füllen Sie einfach die beiliegende Postkarte aus oder geben Sie folgenden Code

»AH2TBPUGC«

im Internet auf www.lebe.jetzt ein.

Exklusiv für unsere Buchkäufer:

Kurzgeschichte »Unter Hochspannung« kostenlos + iPad-Gewinnspiel

Kostenlos:

Unter Hochspannung
Arne Hoffmann

Erotische Kurzgeschichte

16 Seiten

Die Internet-Story zu dem Buch: »Dominanz – Die Kunst der erotischen Herrschaft«

- ☐ Ja, ich möchte am iPad-Gewinnspiel teilnehmen.
- ☐ Bitte schicken Sie mir die kostenlose Internet-Story »Unter Hochspannung« ausgedruckt per Post an meine folgende Adresse.

______________________ ☐ Herr ☐ Frau
Name, Vorname

____
Straße, Hausnummer

____
PLZ, Ort

______________________ ______________________
Land Geburtsdatum

____
E-Mail (für aktuelle Informationen)

____
Wie haben Sie von diesem Buch erfahren?

____
Wo haben Sie dieses Buch gekauft?

Infos zur Datenverarbeitung unter: blue-panther-books.de/de/datenschutz.html

Arne Hoffmann - Dominanz - Die Kunst der erotischen Herrschaft | 6. Auflage | AH2 | 504

Bitte
freimachen
falls Marke
zur Hand

Antwort

blue panther books
Osterfeldstr. 12-14 | Haus 1 | Nord
22529 Hamburg
Deutschland / Germany

Erotische SM-Geschichten von www.blue-panther-books.de:

LESEPROBE:

LEILA ROBINSON

JUNG! SCHÖN! DEVOT!

Luna fällt aus allen Wolken, als ihre beste Freundin Sina ihr offenbart, dass sie mit ihrem neuen Partner Marc eine SM-Beziehung führt.

Die anfängliche Skepsis weicht schnell der Neugier auf diese geheimnisvolle Art der Erotik, und Luna lässt sich auf eine gedankliche Reise in diese fremde Welt ein.

Schon bald ist die Verführung so groß, dass sie ihr nicht wiederstehen kann, es wissen und selbst erleben will. Voller Leidenschaft gibt sie sich, auf der Suche nach sich selbst, hin.

Wird sie die erhoffte Lust in der Unterwerfung finden?

Eine erotische Reise durch die Anfänge des BDSM zweier junger Frauen, die sich und ihre Sexualität neu entdecken.

... Wir haben miteinander telefoniert, und er fragte, ob ich mir immer noch sicher sei, einen Ausflug mit ihm in diese Welt zu wagen, ich zögerte nicht und versicherte ihm, dass ich das wolle.

Er bedankte sich für mein Vertrauen, versprach mir, dass mir nichts passieren würde, er gut auf mich aufpasst, fügte aber nach einer kurzen Pause hinzu: »Du wirst vielleicht erschrocken sein nach diesem Abend, entweder weil es dich abstößt oder weil es ungeahnte Gefühle und Dinge in dir freisetzt, mit denen du nicht gerechnet hast. Lass dich von mir führen.«

Damit machte er mir fast ein bisschen Angst, aber das sagte ich ihm nicht, ich sollte um acht bei ihm sein und ... ähm, ja ...ohne Unterwäsche auftauchen ...

Luna atmete hörbar ein, nun wurde es ernst, sie wusste gar nicht, ob sie noch mehr von Sina hören wollte, gab sich dann aber einen Ruck. Sie wollte ihr einfach nicht vor den Kopf stoßen.

»Erzähl weiter, ich bin ganz Ohr«, versuchte sie es locker.

»Als ich damals also bei seiner Wohnung ankam, war die Tür offen, auf der Fußmatte lag ein Umschlag mit meinem Namen, nicht irgendeiner – der Umschlag wie das Papier waren richtig schick, ganz fest, die Schrift war in tiefblauer Tinte geschrieben. Es befanden sich zwei Seiten darin, auf der ersten standen einige Anweisungen.«

Luna hörte gebannt zu.

»In dem Brief stand: Du wirst den Flur entlang zu dem letzten Zimmer gehen, die Tür steht offen, dort wirst du etwas auf dem Sessel finden, und du wirst nur dieses ‚Stück'« tragen, nichts anderes. Danach begibst du dich zurück in das erste Zimmer des Flures.

Ich betrat also das Zimmer, das Licht war gedämpft, der Sessel stand in der Mitte des Raumes, in dem deckenhohe Bücherregale standen – eine Art Bibliothek. Ich wusste, dass er leidenschaftlich gern las.

Auf dem Sessel lag ein lila Samttuch, ich zog mich aus und legte es mir um den Hals, locker über meine Schultern, um etwas meine Brust zu bedecken.

Ich atmete tief durch, mir war flau im Magen, und doch war es kein unangenehmes Gefühl.

Langsam ging ich den Flur zurück und stand vor dem besagten Zimmer, da viel mir ein, dass noch ein zweiter Bogen Papier in dem Umschlag war. Ich zog ihn heraus, ein einziges Wort stand darauf: Topas – ein Stein.

Ich runzelte die Stirn, etwas verwirrt, was ich damit anfangen sollte, und schob ihn zurück in den Umschlag.

Zitternd legte ich meine Hand auf die Türklinke, ließ sie kurz darauf ruhen. Das kalte Metall brannte schon fast in meiner Hand, ich drückte die Klinke hinunter und betrat den Raum. Außer einigen Kerzen war es fast dunkel, ich sah mich um, konnte Marc aber nirgends entdecken.

»Stell dich in die Mitte, ich möchte dich anschauen«, vernahm ich seine Stimme aus der hinteren Ecke des Raumes. Ich tat, was er gesagt hatte. Obwohl ich sein Wohnzimmer kannte, wirkte es völlig fremd auf mich, das gedämpfte Licht veränderte die Atmosphäre völlig.

Ich konnte nun erkennen, dass er auf einem Stuhl saß, ein Glas Wein in der Hand und mich ernst aber sanft ansah.

»Ich gebe dir nochmal die Möglichkeit zu entscheiden, ob du dich wirklich auf dieses Abenteuer einlassen möchtest, wenn ja, musst du mir einfach vertrauen. Ich werde gut auf dich achtgeben! Hast du dir das Wort gemerkt, das auf dem Zettel stand?!«

»Ja – Topas«, meine Stimme bebte.

»Mit diesem Wort kannst du mir jederzeit signalisieren, dass du nicht weitergehen möchtest, es ist das Zeichen für mich, nicht weiterzumachen. Ich werde das Spiel ohne zu zögern sofort abbrechen. Es ist dein Safeword.«

Ich glaube, ich habe nur stumm genickt und darauf gewartet, was als nächstes passiert.

Er stand auf, stellte sein Glas ab und kam auf mich zu, ging um mich herum. Als ich ihn ansehen wollte, befahl er mir, nach vorne zu schauen. Ich spürte, wie er hinter mir stehen blieb und begann, mir das Tuch von den Schultern gleiten zu lassen. Sanft berührte er meine Ellenbogen, die Unterarme und endete an meinen Handgelenken, wo er plötzlich verharrte.

»Ich habe dir gesagt, du sollst nur dieses Tuch tragen.« Seine Stimme hatte sich verändert, sie war nun dunkler und bestimmter. Ich dachte an den Armreif, den ich immer trug und schluckte.

»Du wirst genau sein müssen, wenn du meinen Anweisungen folgst, merk dir das!«

Er nahm das Tuch, legte es auf den Tisch und schaute mich eine Weile einfach nur an. Ich wurde etwas nervös unter seinem Blick, wobei ich nicht wusste, warum. Wir hatten uns schon oft nackt gesehen, aber nun war ich es und er nicht, das veränderte alles ....

Nach einer gefühlten Ewigkeit kam er wieder auf mich zu und blieb erneut hinter mir stehen, seine Finger strichen meinen Nacken entlang, ich bekam sofort eine Gänsehaut, und ein wohliger Schauer lief mir über den Rücken.

Einen kurzen Moment war seine Berührung verschwunden, dann merkte ich, wie er mir etwas um den Hals legte, ein jäher Anflug von Angst überkam mich.

Er hielt inne, sprach sanft auf mich ein.

»Denk daran, du musst mir lediglich vertrauen! Ich würde dich nie in Gefahr bringen.« Mir schossen tausend Dinge durch den Kopf. Hatte ich mich getäuscht? War er ein Verrückter, dem ich auf den Leim gegangen war?

Mir schlug das Herz bis zum Hals.

Er setzte seine Bewegung fort, und ich spürte, wie er mir eine Kette, nein, eher ein Band umlegte und es im Nacken schloss. Er nahm meine Hand und trat vor mich, um mich direkt anzuschauen.

Ein Lächeln lag auf seinen Lippen. »Das hast du gut gemacht, ich bin stolz auf dich! Weißt du, was ich dir um den Hals gelegt habe?« Ich schüttelte nur mit dem Kopf, ich hatte zwar eine Ahnung, aber sicher war ich mir nicht.

»Das ist ein Halsband, das ist ein Symbol dafür,

dass du auf diese spezielle Art und Weise zu mir gehörst. Natürlich musst du es nicht immer tragen, aber ich wollte dir einmal das Gefühl geben, wie es ist, wenn ich es dir anlege.«

***

Auf der Fahrt zu ihrer Wohnung unterhielten sie sich über alles Mögliche, Sina schaute ihn gerne so von der Seite an.

Und noch viel lieber mochte sie diese kleinen Machtspiele im Alltag.

Den Nervenkitzel, wenn er plötzlich auf etwas reagierte, was sie getan oder gesagt hatte, den Ausdruck, den seine Augen dann hatten. Aber am meisten liebte sie das Gefühl, das es in ihr auslöste, ein unglaubliches Kribbeln, das ihr regelmäßig bis in die Leistengegend zog.Sie flitzte schnell in ihre Wohnung, tauschte Unikram gegen neue Klamotten und alles, was sie brauchte, und stieg wieder ins Auto.

»Hast du eigentlich am Wochenende mit Luna quatschen können? Du wolltest ihr doch von uns erzählen.« Er grinste.

Sina musste lachen. »Ja, das habe ich, und ich glaube, ich habe sie damit ziemlich beschäftigt. Gestern war Kim bei ihr, mit ihr hat sie sich auch unterhalten. Ich schätze, sie wollte noch eine weitere

Sicht auf die Dinge.«

Marc nickte. »Kann ich verstehen, aber wenn sie sonst ganz cool reagiert hat, ist das doch schön. Siehst du, du hättest dir gar nicht erst so Gedanken machen müssen.«

»Das konnte ich ja vorher nicht wissen …«

Sie waren bei Marc angekommen, er stellte den Wagen ab, und sie gingen ums Haus herum. Der Eingang zu seiner Wohnung lag im Garten, das hatte Sina beim ersten Mal, als sie hier war, schon toll gefunden.

Sie betraten die Wohnung und Sina marschierte Richtung Badezimmer, um zu duschen und sich für das bevorstehende Essen fertig zu machen.

»Nicht so schnell, Fräulein«, hörte sie seine Stimme hinter sich.

Sie blieb augenblicklich stehen, drehte sich um und schaute ihn an.

»Ich glaube, wir sollten nochmal über deinen Witz vorhin im Auto sprechen, oder eher darüber, dass du dich so köstlich amüsiert hast.«

Sie blickte zu Boden, rührte sich nicht und wartete darauf, dass er weitersprach.

»Da du duschen willst, solltest du dich schon mal ausziehen.« Er hatte es sich auf dem Sofa gemütlich gemacht und schaute sie erwartungsvoll an.Also begann sie sich zu entkleiden und lächelte dabei in sich hinein, denn sie wusste, dass ihn das mindestens genauso erregte wie sie.

Langsam zog sie ihren Pullover über den Kopf und legte ihn auf den Schrank neben sich, ihr T-Shirt folgte. Nach und nach öffnete sie die Knöpfe ihrer Jeans, dabei spürte sie bereits das vertraute Gefühl in ihrer Magengegend, das sich bis in ihr Becken ausbreitete. Ihr Puls beschleunigte sich alleine bei den Gedanken daran, was er wohl mit ihr machen würde, also zog sie ihre Jeans über den Po

und schob sie bis zu den Füßen hinunter. Dort entwirrte sie etwas unbeholfen ihre Hose samt Socken, legte alles beiseite. Nun stand sie nur noch in BH und Slip dort, trotzdem war ihr mehr als warm.

»Weiter«, der Ausdruck in seiner Stimme war unmissverständlich. Sie öffnete den BH, ließ ihn fallen, schob ihre Hand unter das Bündchen ihres Tangas und rückte ihn zurecht. Es lag eine Spannung in der Luft, die fast greifbar war, ihr Atem ging nun auch schneller, als sie bemerkte, dass sie bereits feucht war.

Schnell zog sie den Slip aus, als sie seinen ungeduldigen Blick bemerkte.

Er stand auf und verließ den Raum, ohne sie

weiter zu beachten. Sie hasste es, wenn er das tat. Sie mochte es nicht, ignoriert zu werden, eine der Strafen, die sie am meisten traf. Plötzlich stand er wieder hinter hier, sie hatte seine Schritte nicht hören können, aber sie spürte die Wärme, die er ausstrahlte.

»Streck deine Hände nach vorne«, er ging um sie herum und nahm eines ihrer Handgelenke, um ihr eine schwarze Lederfessel anzulegen. Dasselbe tat er an der anderen Seite.

Fast automatisch legte sie die Hände auf den Rücken, mit einem Karabiner befestigte er beide aneinander und schob sie daran hinaus aus dem Wohnzimmer in die Küche. »Du wirst dich jetzt nach vorne lehnen, bis du mit dem Oberkörper auf dem Tisch liegst«, befahl er ihr.

Sie tat, was er verlangte. »Beine auseinander«, mit einer schnellen Bewegung schob er mit seinem Knie ihre Beine auseinander. Erneut verließ er den Raum, doch sie wagte es nicht, sich zu bewegen, wusste sie doch, dass er jederzeit zurückkommen könnte.

Sie hatte den Gedanken noch nicht gefasst, da hörte sie, wie er hinter sie trat und sie langsam zu streicheln begann, er fuhr über ihren Rücken, den Po und schob fordernd seine Hand zwischen ihre Beine. ... ***Als Buch & E-Book im Handel***

Weitere erotische Ratgeber:

»Die ersten Schritte SM« richtet sich an absolute Neulinge in der Kunst der erotischen Unterwerfung. Wenn du noch nichts oder nur wenig über solche Praktiken weißt und Fragen hast, dann liegst du mit diesem Ratgeber genau richtig. Schritt für Schritt führt er dich in eine ebenso faszinierende wie erregende Welt. Er zeigt dir, wie du am besten vorgehst, damit SM-Spiele für dich und deinen Partner eine großartige Erfahrung werden, die euch beide glücklich macht. Neben vielen Informationen und Tipps findest du auch einen Neigungsfragebogen für SM-Spiele, der dir und deinem Partner hilft, eure Wünsche auf einen Nenner zu bringen.

Herzliche Grüße Arne Hoffmann